河北省重点学科技术经济及管理
河北地质大学博士科研启动基金
资助出版

交叉职能项目团队关系冲突对项目绩效的影响机理研究

霍晓燕 著

中国财经出版传媒集团

经济科学出版社
Economic Science Press

图书在版编目（CIP）数据

交叉职能项目团队关系冲突对项目绩效的影响机理研究/霍晓燕著．—北京：经济科学出版社，2017.5
ISBN 978-7-5141-7894-4

Ⅰ．①交…　Ⅱ．①霍…　Ⅲ．①项目管理-研究
Ⅳ．①F224.5

中国版本图书馆 CIP 数据核字（2017）第 065272 号

责任编辑：周国强　李　建
责任校对：王肖楠
责任印制：邱　天

交叉职能项目团队关系冲突对项目绩效的影响机理研究
霍晓燕　著
经济科学出版社出版、发行　新华书店经销
社址：北京市海淀区阜成路甲 28 号　邮编：100142
总编部电话：010-88191217　发行部电话：010-88191522
网址：www.esp.com.cn
电子邮件：esp@esp.com.cn
天猫网店：经济科学出版社旗舰店
网址：http://jjkxcbs.tmall.com
北京密兴印刷有限公司印装
710×1000　16 开　9.75 印张　200000 字
2017 年 5 月第 1 版　2017 年 5 月第 1 次印刷
ISBN 978-7-5141-7894-4　定价：36.00 元
（图书出现印装问题，本社负责调换。电话：010-88191510）

前 言

交叉职能项目团队成员的个体多样性特征和项目任务的高不确定性使得项目团队关系冲突不可避免。关系冲突导致交叉职能项目团队成员间关系的不相容，进而在团队成员间产生紧张、敌意、憎恶等消极情绪。理论界已经证实，关系冲突对项目绩效有消极影响。因此，如何管理这种消极的关系冲突，并减弱其对项目绩效的负面影响，保证交叉职能项目的成功实施就显得尤为重要。

通过文献分析发现，与日益复杂的交叉职能项目团队形式和团队运作模式相比，关于交叉职能项目团队关系冲突的研究相对滞后。因此，本书将基于交叉职能项目团队特点和关系冲突相关理论研究，确定交叉职能项目团队关系冲突的关键影响因素，深层探索交叉职能项目团队关系冲突对项目绩效的影响机理，并提出相应的关系冲突管理策略。本书的主要研究内容和创新工作如下：

首先，确定交叉职能项目团队关系冲突关键影响因素是研究的开始。本书通过文献回顾、试问卷、专家顾问小组讨论确定了初步的影响因素，通过随后的问卷调查收集大量数据，运用结构方程模型进行路径分析最终确定了交叉职能项目团队关系冲突关键影响因素。

其次，研究引入权变因素——政治技能，从权变的视角探索了交叉职能项目团队成员政治技能对“交叉职能项目团队关系冲突—消极情绪—项目绩效”关系的影响机理。研究结果表明，具有高水平政治技能的团队成员，对冲突问题有敏感的判断并能迅速作出反应，通过真诚的沟通和个人影响力使对方感到放松，以促进彼此的信任，进而减弱了关系冲突对项目绩效的消极影响。

再次，研究从多层次视角揭示了交叉职能项目团队关系冲突对项目绩效的跨层次影响机理。研究结果表明，交叉职能项目团队关系冲突不仅对项目绩效有消极影响，同时对项目团队成员的工作满意度有跨层次消极作用。研究确定了交叉职能项目团队关系冲突的多层次构念。

最后，基于图模型冲突解决方法，在确定冲突解决偏好顺序过程中考虑冲突方的冲突管理方式（合作、竞争），提出了考虑冲突各方冲突管理方式的图模型冲突解决方法。研究通过实例验证了模型的实用性，并依据案例背景进行冲突解决策略分析，提出交叉职能项目团队关系冲突解决策略。

目　录
CONTENTS

第1章 绪 论

1.1 选题背景及意义

经济全球化的加速和市场竞争的日益激烈，不仅给企业带来诸多机遇，也带来了前所未有的挑战。市场需求快速变化，生产技术不断革新，以及人们对创新产品和服务的持续需求，使得企业或组织之间的竞争由以往的规模之争逐步演变为速度之争、创新之争、效率之争（Alvarez & Busenitz，2001；宝贡敏，2004）。与此同时，随着工作任务复杂性、多元化要求的提高，多样性的组织成员共同合作完成复杂的工作任务已经成为历史演化的必然要求（Webber，2002）。在这一背景下，由不同专业、不同技能的跨部门人员构成的交叉职能项目团队（cross-functional project team）应运而生，并逐渐成为企业或组织发展的不竭动力。

交叉职能项目团队具有临时性、一次性特征，并按组织规定的目标完成项目任务（Iorio & Taylor，2014）。交叉职能项目团队结合了自我管理型团队和问题解决型团队的优点，在自我管理和监督上具有一定的灵活性，而且能在一定程度上克服虚拟团队缺乏面对面互动和社会交流的不足。因此，交叉职能项目团队已经广泛应用于各种类型的组织。例如，20 世纪 60 年代，IBM 公司为了开发卓有成效的 360 系统，创建了来自于多个功能部门的任务攻坚团队（交叉职能项目团队）。20 世纪 80 年代末，主要的汽车制造公司，包括丰田、尼桑、本田、宝马、通用汽车、福特、克莱斯勒等也都通过创建交叉职能项目团队来完成庞大、复杂的项目，并取得良好的绩效。随着这种项目团队优势的不断显现，基于不同的组织背景，交叉职能项目团队形式得到不断扩展，比如新产品开发团队、软件开发团队、集成设计项目团队等。基于交叉职能项目团队特征，交叉职能项目团队成员高效的沟通与合作成为项目成功的关键。然而，团队成员的个体多样性特征和团队任务的高不确定性，使得团队冲突不可避免。为最大限度提高团队绩效、保证项目成功，如何减少不利冲突对交叉职能项目团队绩效的影响成为企业或组织面临的关键问题。

西方组织理论学家根据冲突的不同功能特征，一般将冲突分为任务冲突（task conflict）和关系冲突（relationship conflict）（Jehn，1995）。任务冲突是团队成员由于工作任务不一致或对立的观点、决策、思想而导致的冲突，属于工作任务导向的冲突（Jehn，1995；Amason，1996）。关系冲突是团队成员间关系的不相容，进而在团队成员间产生的紧张、敌意甚至憎恶情绪，属于关系导向的冲突（Jehn，1995；Song，Dyer & Thieme，2006）。西方理论研究表明，一定程度的任务冲突促进团队成员信息交流，使得团队成员对任务讨论更为深入，进而促使团队成员相互学习并激发新颖和有创新性的决策。因此，任务冲突促进项目团队绩效和高水平的决策（Jehn，1995；Amason，1996；De Dreu，2006）。另一种观点认为，一定程度的任务冲突可以提高团队绩效，但是当任务冲突持续增加，信息交流将受到阻碍，干扰了认知的弹性和创造性思维，进而阻碍团队整体绩效。因此，任务冲突和项目绩效呈倒"U"型关系（De Dreu & Weingart，2003）。另外，关系冲突往往指向于人际关系，由个体特征差异、人际关系和误解导致。如果项目团队关系冲突增加，团队成员将精力耗费在无谓的人际斗争上，必然影响团队绩效。因此，目前较为一致的结论是关系冲突对项目团队绩效产生消极影响（De Dreu & Weingart，2003；De Wit，2012；周明建、侍水生，2013；吴光东、施建刚和唐代中，2012）。因而，如何管理这种消极的、情绪性的关系冲突，并削弱其负面影响就显得尤为重要。

在中国情景下，受中国传统儒家文化和集体主义思想的影响，冲突研究结果与西方理论有所差异。第一，当任务冲突发生，冲突方为了保护彼此的"关系"和"面子"，并不会对项目有破坏性的作用。因此，任务冲突对项目绩效的负面作用并不明显。第二，任务冲突和关系冲突高度相关，并且任务冲突往往是关系冲突的根源之一，当任务冲突和关系冲突同时被检测时，关系冲突之外的任务冲突的影响往往较弱或不显著（De Dreu & Weingart，

2003）。第三，中国具有关系导向的文化特征，项目团队中的关系冲突往往依附于任务冲突，即关系冲突往往通过表面的任务冲突表现出来（芦慧等，2006）。基于以上分析，在中国文化情境下，研究交叉职能项目团队关系冲突对项目绩效的影响更有理论和现实意义。

现有对团队关系冲突的研究主要有两类：一是在不同的团队背景下探索关系冲突的影响因素。研究者以期通过提取的关系冲突影响因素，为未来实践者进行冲突管理提供借鉴依据。其次，这些影响因素往往被标定为关系冲突的情境变量。基于情境变量，从权变的视角，进一步探究关系冲突对项目绩效的影响机理，并探寻关系冲突对项目绩效的消极影响的缓和机理成为当前关系冲突研究的热点。

但是，通过对交叉职能项目团队文献分析发现，与各种组织以交叉职能项目团队为基础的结构和运作模式的迅速增加相比，学术界对于交叉职能项目团队关系冲突的研究明显滞后。综上，基于现有团队关系冲突的研究，结合交叉职能项目团队的特点，系统的探索交叉职能项目团队关系冲突的影响因素及其对项目绩效的作用机理，并提出相应的管理策略，本研究将利于建设项目管理者更好的认识、理解和管理交叉职能项目团队关系冲突，同时对提升建设项目团队“软要素”管理水平具有重要的理论和现实意义。

1.2　文献综述与问题提出

1.2.1　交叉职能项目团队关系冲突关键影响因素研究

确定交叉职能项目团队关系冲突关键影响因素是关系冲突研究的开始。研究者可以通过大量文献综述、因子分析确定关键影响因素。组织行为学研究者很早已经开始了团队冲突的影响因素研究，而关于交叉职能项目团队关系冲突影响因素的研究几乎没有。考虑到交叉职能项目团队关系冲突对项目绩效的消极影响，并进一步探讨交叉职能项目团队关系冲突对项目绩效的影响及作用机理，首先进行交叉职能项目团队关系冲突的影响因素研究是非常必要的。

一方面，研究者将冲突划分为团队内部（intragroup）冲突和团队间（intergroup）冲突，探索冲突的影响因素。在团队内部冲突研究方面，科斯佳等（Korsgaard et al.，2008）建立了一个多水平模型，从个体、二元和团队内冲突三个层次探索冲突的影响因素，并解释了团队水平冲突是如何从低水平的个体冲突中产生的。科斯佳将引发冲突的因素分为三类：输入（input）、行为（behavior）和知觉（sense making）。卡梅罗－奥尔达斯、加西亚－科鲁兹和苏萨－希内尔（Camelo－Ordaz，García－Cruz & Sousa－Ginel，2014）进一步对以上三类因素进行细化并考虑因素间的因果联系。研究认为输入、行为、知觉三类因素是冲突引发过程，反映出因素间的因果联系。其中，“输入”因素包含任务背景（自治权、惯例和互惠关系）和团队社会背景，这类因素又由团队结构和团队成员心理特征决定（个体多样性、团队大小、团队任期、文化）。“行为”因素包括了团队成员的沟通水平、领导力和协调能力。知觉指集成的知觉过程。“知觉”过程是一种精神过程，由以上“行为”因素引发的精神上的感知。在团队间的冲突研究方面，派尔德和阿德勒（Pelled & Adler，1994）基于组织行为和心理研究理论，建立了概念模型，探索多功能项目团队的功能多样性如何引发任务冲突和关系冲突。以上研究从宏观角度分析了团队内冲突和团队间冲突的发生根源。

另一方面，研究者基于耶恩（Jhen，1995）对冲突的定义和分类，将冲突分为任务冲突和关系冲突。又由于大量研究已经证实关系冲突对项目绩效、团队创新活动等的消极影响，越来越多的研究试图探索关系冲突的关键影响因素，以减弱关系冲突的消极作用。国外文献基于不同的团队背景探索了关系冲突的影响因素。一些研究者通过建立影响因素体系，识别关系冲突影响因素。例如，道斯和梅西（Dawes & Massey，2005）探索了市场管理者与销售者间的关系冲突概念框架，揭示了管理者与销售者间的关系冲突成因，包括：结构、个体和沟通等因素。伊斯梅尔、理查德和泰勒（Ismail，Richard & Taylor 2012）探索了领导和下属关系冲突的前因和后果，其中情绪、价值观和情境因素是引发关系冲突的重要因素。另一些研究直接探索某一个因素对关系冲突的影响。例如，刘等（Liu et al.，2011）的研究指出需求多样性将直接导致关系冲突。梁等（Liang et al.，2010）也指出，信息多样性导致关系冲突增加。派尔德和阿德勒（Pelled & Adler，1994）详细阐述了关系冲突在多功能产品开发团队中的消极影响，并指出团队功能多样性是引发关系冲突的一个根源。

另外，组织研究者也逐渐认识到冲突影响因素间的跨水平关系。科斯佳等（Korsgaard et al.，2008）建立的冲突影响因素框架考虑冲突是个多水平（mutilevel）现象。研究从个体、二元和团队冲突三个层次分别探索冲突的影响因素，并解释了团队水平冲突是如何从低水平的个体冲突产生的。

以上关系冲突影响因素研究为未来研究者进行交叉职能项目团队关系冲突研究有一定的借鉴意义。然而，交叉职能项目团队实际是一个复杂的关系项目团队（Bishop，1999）。团队成员多样性、团队任务不确定性、组织文化背景多样性和团队成员不适当的行为等都可能是关系冲突的根源。首先，交叉职能项目团队成员是由企业或组织不同职能部门人员组成，团队成员需要在有限的资源、时间下完成组织规定的目标。因此，团队成员间高度的合作和互动是项目成功的关键。然而，团队中成员间的差异越大，目标越难达成一致，交叉职能项目团队成员间个体多样性特征成为冲突产生的原因之一。团队成员多样性又分为表层和深层多样性，性别、年龄、工作年限等属于表面的人口统计学差异；价值观、认知等属于深层人口统计学差异。这些差异都在一定程度上阻碍了成员间一致观点的达成。其次，交叉职能项目团队具有一次性、唯一性特征，团队任务具有高度不确定性。例如，多变的任务目标、不确定的资源等都将引发随后的关系冲突。最后，在交叉职能项目团队运行过程中，项目团队成员不适当的沟通行为（如：挑剔苛刻、辱虐管理、断然拒绝等）也都是关系冲突发生的根源。

因此，有必要基于现有文献，进一步识别影响因素，确定交叉职能项目团队关系冲突关键影响因素，为进一步研究关系冲突对项目绩效的影响机理提供可靠的理论引导，为管理者预防关系冲突提供借鉴。

1.2.2 交叉职能项目团队关系冲突与项目绩效研究

团队关系冲突对绩效的消极影响的观点已被人们广泛认知（De Dreu & Weingart，2003；De Wit，2012）。因此，目前的研究聚焦于关系冲突对项目绩效的影响机理，并探索如何消除或减弱关系冲突对项目绩效的消极影响问题。已有研究从不同的研究视角探索了关系冲突与项目绩效的影响机理，以期在理论和实践方面有所借鉴指导。

1．项目绩效研究

在项目绩效研究领域，任务绩效与关系绩效（周边绩效）的二维结构模型是最典型的绩效模型。它有助于研究者们理解绩效概念和进行因果关系研究（陈学军、王重鸣，2001）。任务绩效，即通常所关注的狭义的绩效指标，是团队体现在工作任务完成方面的直接结果（如：项目质量目标、成本目标、进度目标等）。周边绩效（关系绩效），指伴随任务目标之外的辅助性工作目标（如：成员工作满意度、情感承诺、离职倾向、成员组织公民行为、自主创新行为等）（LePine & Van Dyne，2001）。虽然具体选取指标在已有研究中不尽相同，但都是对项目任务绩效和关系绩效的反应（Jehn，1995；De Dreu & Weingart，2003；Cohen & Bailey，1997；Janssen & Xu，2008）。与研究者将绩效指标从任务和关系的二维结构模型测量不同，还有一些研究者从绩效指标的不同属性入手，对绩效指标从不同方面做了分析。科恩和贝利（Cohen & Bailey，1997）将项目团队的绩效划分为态度、行为和结果三个方面。其中态度包括：团队成员满意度、组织承诺、信任等；行为包括：出勤率、离职倾向等；结果指团队活动的直接结果绩效等。从绩效不同方面的研究分析发现，态度、行为方面的绩效是从绩效过程视角的剖析，而结果方面的绩效体现了绩效的目标。绩效目标是绩效过程的结果，绩效过程是绩效目标的体现，二者相辅相成，共同构建了绩效的横向系统观。这将深化绩效在不同方面的认识，并使与绩效相关的研究更加深入。基于横向视角、同一层次切入绩效的研究对应，从纵向视角，分析不同层次水平的绩效，将对绩效从多层次系统的研究有更完整的把握。

2. 关系冲突对绩效影响的多层次研究

企业或组织是一个多层次的系统，若干个体的有机组合形成群体或团队。现有关于关系冲突对绩效影响机理的研究层次分三类：一类是基于组织层次的关系冲突对绩效的影响机理研究（Jehn & Bendersky，2003）；第二类是基于团队层次的关系冲突对绩效的影响机理研究（Khan，Breitenecker & Schwarz，2015；Santos & Passos，2013；梅强、徐胜男，2012；向常春、龙立荣，2010）；第三类关注于关系冲突对个体层次的工作满意度、离职倾向、情感依附和个人绩效的研究（Li，Zhou & Leung，2011；Tekleab & Quigley，2014；Xin，Chi & Yu，2009）。其中，组织层次的绩效关注于团队对组织目标的绩效评价。团队层次绩效关注于团队自身过程的产出结果，其考察团队作为独立分析单元的团队整体绩效，这一层次的绩效研究是最受关注的。例如，马丁内斯－莫雷诺等（Martínez－Moreno et al.，2009）分别探索了团队内三种不同类型的冲突对团队绩效的影响。范日新和范荣真（Van Woerkom & Van Engen，2009）调查了84个工作团队，通过实证检验得出，关系冲突对团队绩效有消极的影响。卫旭华、刘咏梅和车小玲（2015）通过整合社会认知和情绪理论，考察了关系冲突、团队效能感和团队情绪智力对团队绩效的影响机制。研究结果表明，当团队拥有较低的效能感时，关系冲突对团队绩效的负相关关系显著。个体层次的绩效往往针对团队成员个体处理事务、个体对团队的胜任力表现等的绩效评价（Welbourne，Johnson & Erez，1998；Chen & Klimoski，2003）。例如，德勒和威因加特（De Dreu & Weingart，2003）通过元分析，确定了关系冲突对团队成员满意度的消极影响。通过这一结果，研究者还预测关系冲突对团队成员离职倾向、旷工行为、组织公民行为（OCB）都有消极的影响。

自从 Rousseau 提出多层次研究观点以来，组织科学领域便出现了一种可以将宏观和微观层面结合起来的新范式，即多层次理论（multilevel theory）（Hofmann，2002），该理论认为宏观现象可以由微观层次元素的交互作用形成，即微观元素渗透于宏观现象之中（Kozlowski & Klein，2000）。陈、布莱斯和马蒂厄（Chen，Bliese & Mathieu，2005）对该理论的开发和应用也有较好的阐述。因此，多层次理论的提出不仅完善了组织科学领域的跨层次研究范式，同时有利于更清晰的阐明“关系冲突—项目绩效”的作用机理。因此，随着多层次理论的成熟与推广，对关系冲突与项目绩效的多层次研究成为大势所趋。

3. 基于权变理论的关系冲突对项目绩效的影响机理研究

关系冲突对项目绩效的消极影响已经被证实，而现有文献常常用权变方法（contingency approach）进一步探索关系冲突与项目绩效的关系（Huang，2012；Lau & Cobb，2010；Tepper & Moss，2011；Cron et al.，2005；Jiang，Zhang & Tjosvold，2013；Lin et al.，2014；郎淳刚、席酉民和郭士伊，2007；陈振娇、赵定涛和魏昕，2012）。权变方法，即在关系冲突和项目绩效关系中引入权变因素（调节变量），探索权变因素怎样缓和（Supress）或减弱（Weaken）关系冲突对项目绩效的消极影响。例如，西蒙斯和彼得森（Simons & Peterson，2000）的研究表明，信任在关系冲突和项目绩效关系中扮演着重要的角色，高信任的团队规范能够更好地减少关系冲突对绩效的负面影响。黄（Huang，2012）探索了目标导向对关系冲突和团队绩效之间的关系。当团队以绩效为目标导向时，关系冲突对绩效的消极影响增强。刘和科布（Lau & Cobb，2010）开发了一个概念模型，验证不同形式的信任和交易怎样影响关系冲突和绩效之间的关系。刘咏梅、车小玲和卫旭华（2014）基于团队多样性—冲突—绩效权变模型，通过元分析过程，挖掘了团队冲突和团队绩效之间的一些重要的调节变量（团队规模、团队冲突的不对称感知和问卷回收率)，该研究对研究者的团队冲突研究提供了有益的线索。以上研究发现，权变方法探索了调节变量如何影响（缓和或增强）原始的两个或多个变量的关系，这些权变因素对实践者进行关系冲突管理有很好的指导作用。

随着交叉职能项目团队形式的不断拓展和团队结构的日益复杂化，团队内冲突形式的跨层次、交互作用趋势成为必然。因此，有必要基于交叉职能项目团队关系冲突关键影响因素，从权变、跨层次视角研究交叉职能项目团队关系冲突对项目绩效的影响机理。

1.2.3 交叉职能项目团队关系冲突管理策略研究

托马斯（Thomas，1992）指出“冲突本身并不是问题的关键，如何管理冲突才至关重要。”现有的冲突管理文献多聚焦于冲突管理类型或冲突管理方式（conflict management styles）研究。冲突管理方式，即反应个体面对冲突时所采取的行为意向。冲突管理方式包括五种：合作、竞争、顺从、回避、折衷（Thomas，1976）。一方面，大量的研究者从宏观上对五种冲突管理方式进行了研究。例如，马等（Ma et al.，2012）研究了冲突管理方式对个体利益、满意度和关系构建的影响。该研究指出，合作的冲突管理方式对工作满意度和关系构建有积极的促进作用。钱、黄和额（Chan，Huang & Ng，2008）探索了冲突管理方式对工作满意度和离职倾向的作用，其中以信任作为中介变量。张和钏（Cheung & Chuah，1999），蔡和齐（Tsai & Chi，2009）还探索了中国情境下的冲突管理方式。柯克布赖德，唐和韦斯特伍德（Kirkbride，Tang & Westwood，1991）从中国传统文化和心理影响出发，深入剖析了中国人的冲突偏好和谈判行为。以上研究或者分析了各种冲突管理方式对项目绩效的影响，或者给出了不同文化背景下的冲突管理偏好，研究结果对冲突管理者有很大的借鉴意义。但是，交叉职能项目团队成员间的高互动性和相互依赖性特征，使得团队成员间的冲突处理方式是个决策过程，因为冲突各方有自己的冲突管理偏好，但是自己同时关注于对方的冲突管理偏好，各方共同做出的冲突管理决策决定了冲突解决的最终结果。例如，当冲突各方采用合作的冲突管理方式时，可能是一种共赢的结果。因为冲突各方合作的态度促进信息的交流，加速决策和问题解决过程，最终达到各方满意和共赢的效果。然而，通过研究发现，冲突方都采用合作的冲突处理方式是一种理想状态。基于资源有限理论和社会认同理论，冲突各方为了维护自身利益，并非选择合作的冲突处理方式。因此，有必要从决策理论出发、基于冲突管理方式，探索交叉职能项目团队关系冲突管理方式，提出关系冲突管理策略。

图模型冲突解决方法，是由基尔格、希普尔和方（Kilgour，Hipel & Fang，1987）提出，由方、希普尔和基尔格（Fang，Hipel & Kilgour，1993）进行理论整理和完善，并以经典对策论和偏对策论为基础的一种战略冲突解决方法（Fang，Hipel & Kilgour，1993）。基尔格、希普尔和方（Kilgour，Hipel & Fang1987）指出，冲突过程是两个或多个依赖的个体的互动行为。在冲突解决过程中，每个冲突方是一个决策者，冲突各方有各自的冲突处理偏好，各个冲突方的冲突行为决定了系统冲突解决状态（Fang，Hipel & Kilgour，1987）。因此，冲突管理或冲突解决过程是一个多方决策问题。图模型冲突解决方法被应用于多个领域的冲突解决，包括环境冲突、军事冲突、国际经济争端与谈判等（Obeidi，Kilgour & Hipel，2009；Montes，Rodríguez & Serrano，2012；Howard，1971；Kilgour et al.，2001）。近年，随着项目复杂度的提高和团队成员互动形式的多样化，研究者基于复杂项目情境，应用图模型冲突解决方法，探索冲突者的态度（积极、消极）和认知等对冲突解决结果的影响。例如，尤瑟夫、希普尔和赫加齐（Yousefi，Hipel & Hegazy，2010）基于图模型冲突解决方法探索了冲突者的态度对冲突解决的影响，并帮助冲突者提出最有效的冲突解决方法。欧贝蒂、基尔格和希普尔（Obeidi，Kilgour & Hipel，2009）基于图模型冲突解决方法研究了冲突者的情绪或认知对冲突解决的影响。因此，图模型冲突解决方法基于决策理论，分析了多方冲突发生后的冲突解决过程和结果。这些研究在图模型分析过程中将人的因素考虑进去。因为冲突发生过程中，人是冲突发生和冲突解决的主要参与者。因此，在图模型冲突解决方法中，考虑人的情绪、认知、态度，使模型在使用过程中更符合冲突实际情况。然而，单一考虑其中的某个因素仍然是片面的，不论冲突方对冲突的情绪、态度是积极的或消极的，还是冲突方对冲突存在不同的认知，所反应的冲突管理方式有两种：合作的冲突管理方式或竞争的冲突管理方式。因此，研究应基于冲突方不同的冲突管理方式，建立图模型冲突解决方法，对复杂的交叉职能项目团队关系冲突进行研究并提出相应的冲突管理策略。

1.3 研究的主要内容

本研究内容包括以下四个部分（C1、C2、C3、C4 为各部分研究内容的代码）：C1：交叉职能项目团队关系冲突关键影响因素研究；C2：交叉职能项目团队关系冲突与项目绩效：政治技能的调节作用；C3：交叉职能项目团队关系冲突与项目绩效：跨层次研究；C4：基于图模型的交叉职能项目团队关系冲突管理策略研究。

C1：交叉职能项目团队关系冲突关键影响因素研究。本部分主要通过文献回顾、试问卷和专家小组讨论等方法，确定了初步的交叉职能项目团队关系冲突影响因素。通过随后的问卷调查，建立基于影响因素的结构方程模型，进一步对初步确定的交叉职能项目团队关系冲突影响因素进行信效度检验和路径分析，确定最终的交叉职能项目团队关系冲突关键影响因素。提出的交叉职能项目团队关系冲突影响因素，作为权变因素将被运用到 C2 和 C3 中，研究将从权变、多层次视角进一步探索交叉职能项目团队关系冲突对项目绩效的影响机理。

C2：交叉职能项目团队关系冲突与项目绩效：政治技能的调节作用。

本部分将探索交叉职能项目团队关系冲突对项目绩效的影响机理。根据文献分析，研究将团队成员的消极情绪作为交叉职能项目团队关系冲突和项目绩效关系的中介变量，将团队成员的政治技能作为权变因素。研究首先验证交叉职能项目团队关系冲突通过消极情绪对项目绩效的消极影响。其次，研究验证团队成员的政治技能对“交叉职能项目团队关系冲突—消极情绪—项目绩效”的调节作用。当交叉职能项目团队成员具有高水平政治技能时，关系冲突通过消极情绪对项目绩效的消极作用减弱。

C3：交叉职能项目团队关系冲突与项目绩效：跨层次研究。本部分将基于C2部分的“交叉职能项目团队关系冲突—消极情绪—项目绩效”关系，从多层次视角，研究交叉职能项目团队关系冲突对项目绩效的影响机理。因为交叉职能项目团队成员是由不同功能部门、不同技能人员组成的临时性任务团队。团队成员个体构成团队整体，因此交叉职能项目团队关系冲突属于多层次变量。研究将验证交叉职能项目团队关系冲突不仅对项目绩效有消极影响，同时对团队成员的工作满意度有跨层次影响。

C4：基于图模型的交叉职能项目团队关系冲突管理策略研究。本部分将基于图模型冲突解决方法，将冲突解决过程看作冲突方共同决策的结果。因为在冲突过程中，冲突方相互影响与互动。研究将通过图模型冲突解决方法，考虑冲突方各自的冲突解决行为（竞争、合作），建立基于冲突方冲突管理行为的图模型冲突解决方法，并通过随后的稳定性分析，以得到最优的冲突解决策略。研究还引入实际冲突案例，对上述冲突解决方法进行验证与讨论。

各部分研究内容关系，如图1－1所示。

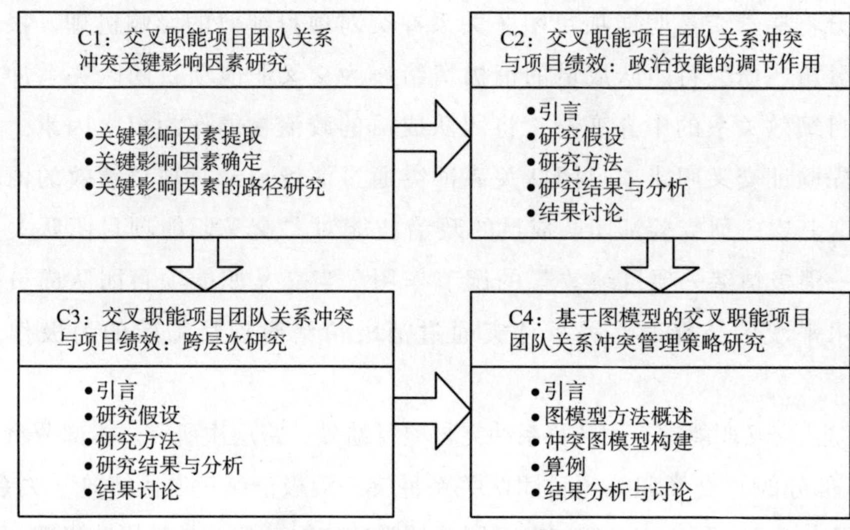

图 1-1　各部分研究内容关系

1.4　研究技术路线及主要研究方法

1.4.1　研究技术路线

本书的研究技术路线如图 1-2 所示。

1.4.2　主要研究方法

1. 文献研究

针对研究内容进行文献阅读、梳理和分析，不仅有助于明确研究问题的研究基础、研究发展脉络及研究方向趋势，进而确定研究内容的具体切入，同时有助于积累、学习与借鉴对研究问题的分析方法和技术，以利于本书内

研究路线
研究内容
文献研究
初步问卷
专家小组
•试问卷
•小组讨论
最终问卷
问卷调查
因子分析
结构方程
关键影响因素的影响路径
关键因素1
关键因素2
关键因素3
……
关键影响因素
个人层面
团队层面
多层面权变因素
C1：交叉职能项目团队关系冲突关键影响因素研究
文献研究
确定问卷
问卷调查
SEM
假设检验
权变因素
输入
消极情绪
政治技能
关系冲突
项目绩效
黑箱
C2：交叉职能项目团队关系冲突与项目绩效：政治技能的调节作用
文献研究
确定问卷
问卷调查
HLM
假设检验
消极情绪
团队水平
关系冲突
项目绩效
黑箱
关系冲突
工作满意度
消极情绪
个体水平
C3：交叉职能项目团队关系冲突与项目绩效：跨层次研究
文献研究
实地调研
数据收集
偏好分析
图模型
决策模型
结果分析
关系冲突管理策略
确定冲突方（DM）和可选方案
确定可行状态
定义DM偏好
定义可能状态转移
稳定性分析
最优冲突决策
合作
竞争
顺从
回避
折衷
C4：基于图模型的交叉职能项目团队关系冲突管理策略研究

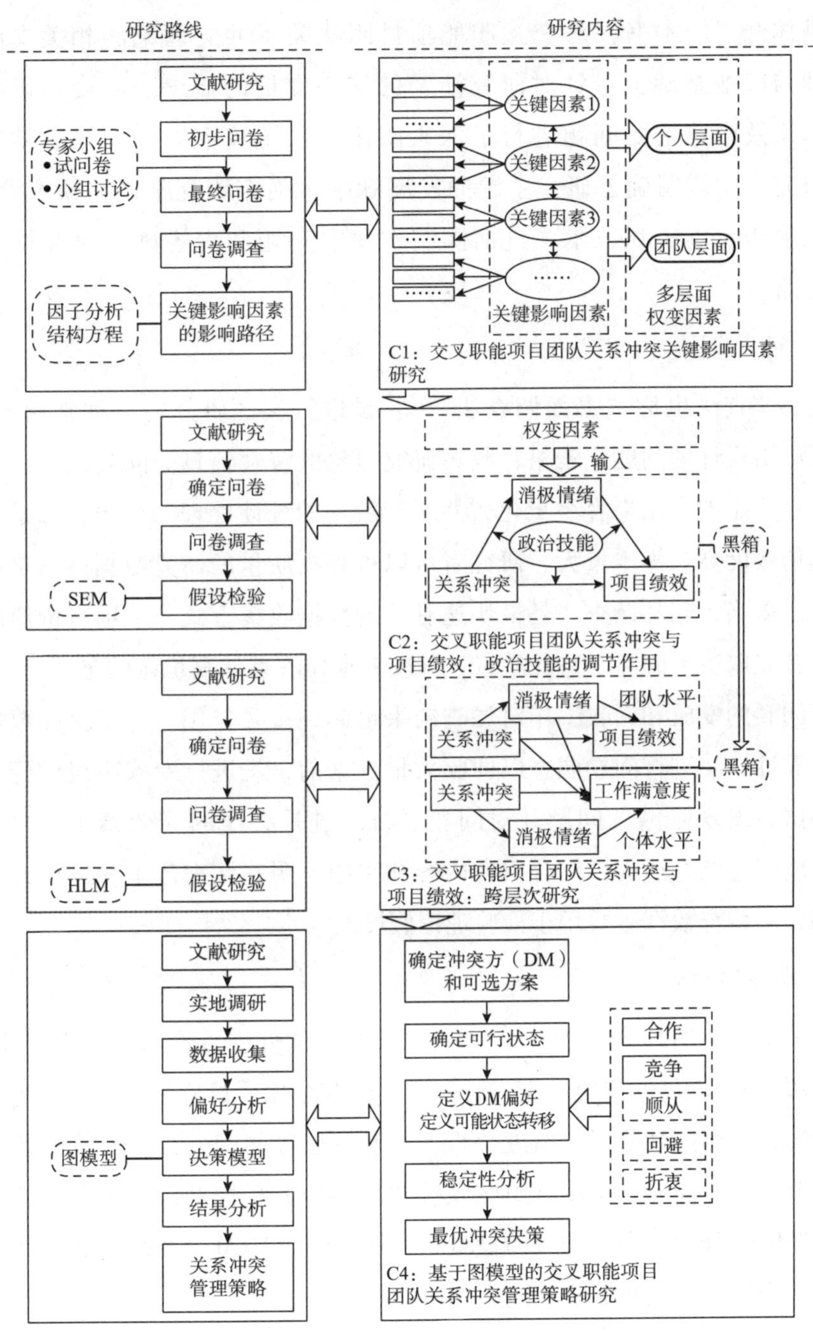

图1－2　研究技术路线

容的具体开展。本书在对交叉职能项目团队关系冲突理论的相关文献进行整理与归纳基础上，针对研究涉及的核心变量的概念、测度、影响因素与作用效应等主要问题进行了深入阅读和系统梳理。回顾与总结以往相关研究，初步明确了研究主题的发展脉络，确定研究基础与研究背景，积累相关研究方法和技术，进而围绕本研究问题和内容确定研究框架和分析思路。

2. 问卷调查

问卷调查法也称“书面调查法”，它是进行实证研究的一种常用方法，它使用严格设计的问题或表格，收集研究对象的资料信息。问卷调查法有以下优点：一是调查结果容易量化，并便于后期的统计处理与分析；二是如果量表的信效度高、样本量大，研究者可以得到高质量的研究数据；三是如果调查方法得当，问卷调查法是最快速有效的数据收集方式。一项有价值的问卷调查首先取决于问卷本身的质量，其次要求作答者认真坦诚的态度。另外，组织好问卷的发放和回收工作对调查结果也起到重要作用。为了保证数据的真实可靠性，在进行问卷调查以回收大量数据前，先进行专家小组讨论和小样本测试，发现隐藏的问题并对问卷进行改进是必要的（荣泰生，2005）。本书运用问卷调查过程，结合研究内容和主题，明确调查范围并进行大规模问卷调查。调查数据主要用于检验理论假设。

3. 数据分析

本书主要运用 SPSS、AMOS 和 HLM 等统计软件进行数据的分析和处理。研究运用 SPSS 软件对研究数据进行初步处理和数据质量检验，包括变量间的描述性统计及相关性分析、信度分析，并利用层级回归分析技术验证了变量间的调节作用。同时，采用 AMOS 软件建立结构方程模型，对研究模型进行了验证性因子分析和中介效应的检验。另外，运用 HLM 软件进行分层回归分析，验证变量的多层次影响效应。

1.5 研究的创新点

1. 确定了交叉职能项目团队关系冲突关键影响因素

虽然现有文献基于不同的团队背景研究了关系冲突的关键影响因素，探索了关系冲突发生的根源，但是针对交叉职能项目团队关系冲突关键影响因素的研究还没有。本书将交叉职能项目团队关系冲突关键影响因素归纳为：个体多样性、不确定的团队任务、组织文化多样性和团队成员不适当的行为。其中，个体多样性和团队成员不适当的行为属于个体层面因素，不确定的团队任务和组织文化多样性属于团队层面的因素。基于上述分析，构建了结构方程模型，进一步对模型的信效度和影响路径进行检验，确定了交叉职能项目团队关系冲突的关键影响因素。

2. 引入权变因素—政治技能，从权变视角揭示了交叉职能项目团队关系冲突对项目绩效的影响机理

本书探索了交叉职能项目团队关系冲突通过消极情绪对项目绩效的消极影响。即，消极情绪对“交叉职能项目团队关系冲突—项目绩效”关系的中介作用。另外，研究基于权变理论，探索了政治技能对“交叉职能项目团队关系冲突—消极情绪—项目绩效”关系的调节作用。政治技能被认为是现代组织活动中个体的一项综合技能。当交叉职能项目团队成员具有高水平政治技能时，关系冲突通过消极情绪对项目绩效的消极作用将减弱。

3. 从多层次视角揭示了交叉职能项目团队关系冲突对项目绩效的跨层次影响机理

现有研究从个体或团队层次探索了关系冲突对项目绩效的消极影响。随着交叉职能项目团队形式的不断拓展和团队结构的日益复杂化，团队内冲突形式的跨层次、交互作用趋势成为必然。基于 Rousseau 的多层次的研究观

点，研究建立了交叉职能项目团队关系冲突对项目绩效影响的多层次模型。研究结果确定了交叉职能项目团队关系冲突的多层次构念，扩展了交叉职能项目团队对项目绩效的影响机理研究。

4. 构建了基于冲突方不同的冲突管理方式（竞争、合作）的图模型冲突解决方法

本书基于图模型方法，构建了基于冲突方不同的冲突管理方式（竞争、合作）的图模型冲突解决方法。研究通过案例研究，验证了考虑冲突方不同的冲突管理方式下，图模型的冲突解决方法。图模型冲突解决方法给出了冲突各方在不同的冲突管理类型下的平衡状态，即冲突解决策略。结合实际案例研究发现，冲突各方均采用合作的冲突管理方式是最优的冲突解决策略。

交叉职能项目团队关系冲突对项目绩效的影响机理研究
Chapter 2

第2章 相关理论回顾与概念界定

2.1 相关理论回顾

2.1.1 交叉职能项目团队

在当代商业企业中，团队越来越成为组织工作的主要方式。事实表明，如果完成某种工作任务时，需要多种技能、经验和判断，那么通常由团队来做效果更好。组织为了更有效和有效率地完成工作而进行结构重组，他们转向了团队方式，因为这种做法可以使组织内成员更好地利用自己的才干。管理层发现，在多变的环境中，团队比传统的部门结构或其他形式的稳定构成更为灵活、反应也更迅速。团队能够进行快速的组合、配置、重新定位和解散。其中的交叉职能项目团队是一种典型的团队形式。

交叉职能项目团队（cross-functional project team）又被称为多功能项目团队（multi-functional project team）或交叉学科团队（cross-discipline team）。交叉职能项目团队是由组织或企业不同功能部门、不同知识或技能的人员组成，以完成组织规定的特定目标和任务的项目团队（Holland，Gaston & Gomes，2000）。企业构建交叉职能项目团队可以有效地缩短产品生命周期，以满足快速发展的市场需求。在美国的一项调查显示，超过 84% 的公司创建交叉职能项目团队用于新产品开发任务（Griffin & Hauser，1996）。这项调查还指出，交叉职能项目团队可以有效地提高产品创新速度和质量、提升团队成员工作动机、促进信息的高效流通。波音公司组件了一个由来自生产、计划、质量、加工、工程设计和信息系统部门的人员组成的团队，负责解决公司 C－17 项目中的薄垫片的自动化问题。团队提出的建议极大地减少了周期时间及成本，并且提高了 C－17 的工程质量。波音公司的例子表明了交叉职能项目团队的运用。这些团队由来自同一等级但不同工作领域的员工组成，他们为了完成一项任务而共同工作。交叉职能项目团队使得组织内部（甚至是组织之间）不同领域的员工交流信息，激发人们采用新办法解决问题，并使人们共同合作完成复杂的项目。当然，交叉职能项目团队的管理不像管理一个野餐会，它形成的初期往往要消耗大量时间，因为团队成员需要学会处理复杂和多样的工作任务。在团队成员之间，尤其是那些背景、经历和观点不同的成员之间，也需要一定时间才能够建立起信任，并且真正合作共事。在当前日益严峻的经济形势下，企业或组织越来越多地利用交叉职能项目团队进行新产品开发、产品创新以提高组织绩效。

相关文献研究了交叉职能项目团队的成功因素。首先，霍兰德、加斯顿和戈梅斯（Holland，Gaston & Gomes，2000）认为，交叉职能项目团队成员间高效的互动和合作是项目成功的关键。然而，交叉职能项目团队成员间具有竞争性的社会属性，即相对于当前的交叉职能项目团队，团队成员在心理上更认可和服从原来的功能部门。因此，当团队的目标、利益与功能部门不一致时，冲突不可避免。其次，交叉职能项目团队一般为临时性任务团队，企业或组织要求团队在有限的资源条件和工期下完成既定任务目标。在这些压力下，团队成员间常常出现协调与合作问题，进而引起成员间冲突。沃尔和莱普辛格（Wall & Lepsinger，1994）调查了 43 家美国的 500 强公司，揭示了主要阻碍交叉职能项目团队成功的因素包括：组织目标冲突、资源竞争、个人目标冲突、缺乏合作、不清晰的目标界定等。该研究还显示，75% 的交叉职能项目团队成员并没有完全投入到团队任务中，70% 的团队成员不了解个人所拥有的决策权多大程度上影响整个项目团队的成功，并且超过一半的受访者提到交叉职能项目团队成员间因合作困难而导致冲突。

相关文献还研究了交叉职能项目团队的成员构建问题。一些研究者认为，团队成员的能力和相互间的协作是团队成员构建时考虑的两个重要因素。团队成员的能力，如沟通能力、问题解决能力、社会技能等，是团队成功的“软因素”（Baykasoglu，Dereli & Das，2007）。当团队成员整体能力素质较高时，团队内信息交流顺畅、成员间沟通与协作水平更高，进而促进团队绩效。

另一些研究者关注于团队成员心理特征和个体特质。库普仁娜和纳斯尔（Kuprenas & Nasr，2000）论述了个性特征（如：人际互动偏好、信息感知能力、决策偏好等）在团队构建中的重要性。约克、麦卡锡和唐纳（York，McCarthy & Darnold，2009）探索了生物企业的跨学科团队成员的个性特征、心智特征等深层个体多样性特征对团队绩效的影响。该研究指出团队成员深层多样性特征引发团队冲突，进而影响绩效。这些深层个体多样性特征引发的团队冲突在短期内很难消除，因此，在团队构建初期，考虑团队成员的深层多样性特征是十分必要的。

综上所述，交叉职能项目团队对企业或组织是一把双刃剑，合理的团队组织结构和团队成员高效的互动与合作是交叉职能项目团队成功的关键。然而，团队成员的个体多样性特征、团队任务的高不确定性，使得冲突不可避免，未解决的冲突阻碍了项目团队成员高效的合作和项目的成功实施。

2.1.2 团队冲突

1. 团队冲突定义及分类

冲突是组织活动的普遍现象，并影响个体或组织过程和结果。组织行为学家很早就开始对组织冲突进行研究。有关冲突的定义实在太多。尽管这一术语在意义上存在分歧，不过大多数的界定中都包括了一些共同的主题：冲突必须被各方感知到；冲突是否存在是个知觉问题。如果人们没有意识到冲突，则常常会认为没有冲突。我们把冲突定义为一种过程，当一方感觉到另一方对自己关心的事情产生不利影响时，这种过程就开始了，这是一个广义的定义，它描述了从相互作用变成相互冲突时所进行的各种活动。它包括了在组织中人们经历的各种各样的冲突，如目标不一致；对事实的解释存在分歧，以及对行为预期的不一致等。另外，这一定义非常灵活机动，它可以涵盖所有的冲突水平，从公开、暴力的活动到微妙的意见不一致。在定义当中另外的共同之处是，存在意见的对立或不一致，并非有某种相互作用。这些因素所构成的条件决定了冲突过程的出发点。通常冲突被定义为当一方感觉对方对自己关心的事情产生或将要产生不利影响时，随之产生的一个对抗过程。通过剖析冲突定义后隐含的假设，帕特南和普尔（Putnam & Poole，1987）指出冲突形成的三大要素包括：冲突双方彼此依赖、交互作用和感知到相互利益的不相容。换句话说，冲突就是“相互作用的两方或多方间的交互作用，在此过程中，他们感知到彼此目标和价值观的差异，并将对方视为实现目标的潜在阻碍。”该过程包括了前因条件、认知、行为意向、行为和结果五个环环相扣，动态演进的阶段（Putnam & Poole，1987）（如图 2－1 所示）。此五阶段过程明确了一般社会交往逐步转变为冲突的转折点，体现了整合和演化的思想，并逐步为后续研究者接受和推广。

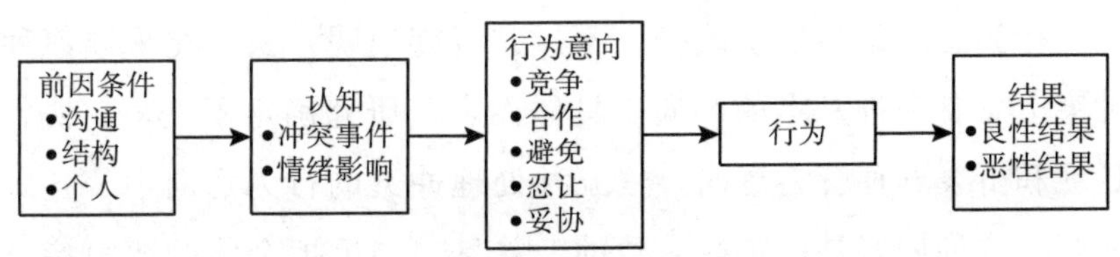

图 2－1　冲突过程

（1）冲突过程的第一步表明了可能产生冲突机会的条件。这些条件并不一定直接导致冲突，但它们是冲突产生的必要条件。研究者通常将冲突的前因条件概括为三大类：沟通、结构（例如：规模、员工与目标之间的匹配性、领导风格、薪酬体系等）和个人变量（例如：性格、情绪和价值观）。

（2）如果阶段 1 中提到的条件表明对其中一方关心的事情造成某种程度的消极影响，那么，在阶段 2 中潜在的对立和失调会显现出来。在冲突的定义中我们强调，必须要有知觉存在。也就是说，一方或多方必须意识到前面提到的条件存在。然而，认识到冲突的存在并不意味着它人格化了。当个体有了情感上的卷入时，则为情感水平上的冲突，此时各方都会体验到焦虑、紧张、挫折和敌对。这里有两点请记住：第一，阶段 2 之所以重要，是因为此时冲突问题容易被明确的凸显出来。在这一过程中，双方确定了冲突的性质。反过来，这种“意义明确的过程”非常重要，因为冲突的界定方式对于可能存在的解决办法有着深远影响。第二，情绪对于知觉的影响十分重要。比如研究发现，消极情绪会导致问题的过于简单化处理，导致信任感降低，针对对方表现出来的行为也会做出负面解释；相反，积极情绪则增加了针对困难问题考察其各项因素中潜在联系的可能性，采取更为开阔的眼光和视野看待情境，采用的解决办法也更具创新性。

（3）行为意向介于个体的认知、情感以及他的外显行为之间，指的是要以某种特定方式从事活动的决策。在冲突情境中，行为意向为各方提供了总体的指导原则。它界定了各方的目标。但人们的行为意向并不是固定不变的。在冲突过程中，由于人们的重新认识或由于另一方对于行为的情绪反应，行为意向也会发生改变。不过，研究表明，人们在采取何种方式处理冲突上总有一种基本的倾向。具体而言，研究确定了竞争、协作、回避、迁就和折衷五种行为意向。这五种处理冲突的行为意向中，各人有各人的偏好，这种偏好是稳定而一致的，并且，如果把个体的智力特点和人格特点结合起来，则可以很好有效地预测人们的行为意向。也就是说，当人们面对冲突情境时，有些人希望不惜一切代价获胜；有些人希望寻求一种最佳解决方式；有些人希望逃避；有些人希望施惠于人，还有一些人希望同甘共苦。

（4）大多数人在考虑冲突情境时，倾向于看重和强调阶段 4。因为在这一阶段冲突是显而易见的。行为阶段包括冲突双方进行的声明、活动和态度。冲突行为通常是冲突各方实施行为意向的公开尝试。但与行为意向不同，这些行为带有刺激性。由于判断失误或在实施工程中缺乏经验，有时外在行为会偏离原本的行为意向。

（5）冲突双发行为—反应互动导致了最终结果，这些结果可能是功能正常的—冲突的结果提高了群体的工作绩效，也可能是功能失调的—冲突的结果阻碍了群体的工作绩效。

根据冲突的形式，冲突分为任务冲突（task conflict），关系冲突（relationship conflict）和过程冲突（process conflict）。根据冲突的结果类型，将冲突分为功能正常冲突或称良性冲突（functional conflict）与功能失调冲突或称不良冲突（dysfunctional conflict）（Jehn，1995；Jehn，1997；Jehn，2001）。任务冲突针对工作任务本身，是由团队成员由于对工作任务产生的不一致的观点、意见、想法等而引发的冲突（Jehn，1995）。过程冲突体现为团队成员在团队内部的任务协调过程中产生的冲突（Jehn，1995）。关系冲突由人际的不相容、对抗和摩擦产生。在关系冲突中，冲突方彼此信任降低，情绪消极，多关注于人际斗争，进而影响团队绩效。关系冲突通常被认为是不良冲突。因此，本书关注于不良的关系冲突对团队绩效的影响，具体原因在研究背景部分中也有详细阐述，在此不再赘述。

2. 团队关系冲突

现有关系冲突研究认为，关系冲突发生于具有相互依赖关系的个体或组织的动态过程。当团队成员具有多样性背景和高异质性特征时，团队中更容易发生关系冲突。关于关系冲突的定义也非常多，一般关系冲突定义的描述有三个主要特征：不一致的观点或意见、消极的情绪和感知到的干涉和阻碍（Thomas，1992；Barki & Hartwick，2004；Wall & Callister，1995）。以上三个特征反映了认知、情感、行为三方面的基本要素。另外，三方面要素的不同组合代表了七种不同类型的冲突（见图 2 – 2），其各自产生的前因，引发的反应和导致的结果都不相同（Barki & Hartwick，2004）。

其中，消极的情绪在关系冲突中扮演着重要角色（Gayle & Preiss，1998）。实证研究也已证实消极的情绪与关系冲突的关系，因此研究者也把关系冲突称为情绪冲突，比如在关系冲突构念时考虑沮丧、发怒、敌意等消极情绪（张良久和周晓东，2006）。因此，在进一步研究关系冲突作用机理时，消极的情绪应有所重视。

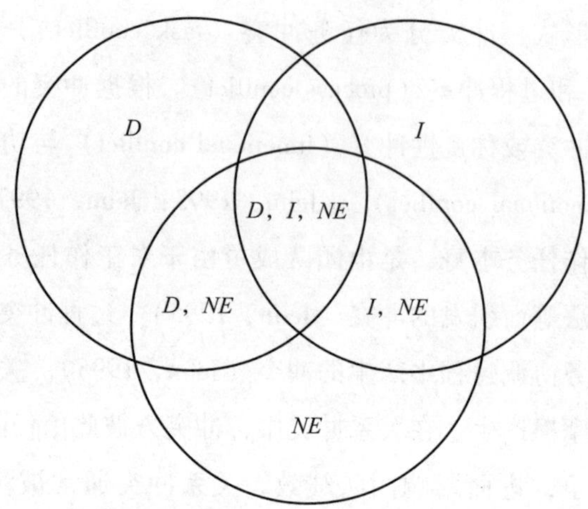

图 2-2 人际冲突的要素组合

资料来源：Barki H，Hartwiek J. Conceptualizing the construct of interpersonal conflict [J]. International Journal of Conflict Management，2004，15（3）：216-244.

注：D 表示不一致的观点或意见；NE 表示消极的情绪；I 表示干涉和阻碍。

2.1.3 团队冲突管理

1. 团队冲突管理类型

冲突管理类型（conflict management styles）又叫冲突管理行为，指冲突方面对冲突时的冲突应对行为（Rahim & Magner，1995）。基于多伊齐（Deutsch，1949）的一维冲突处理方法（竞争与合作），布莱克、谢帕德和穆顿（Blake，Shepard & Mouton，1964）提出的二维方格分析方法成为研究主流，并得到广泛的验证和拓展（Blake & Shepard，1964）。布莱克、谢帕德和穆顿（Blake，Shepard & Mouton，1964）按照"关注人—关注工作"二维度划分冲突管理类型，分别表示为：强迫（forcing）、退避（withdrawing）、调和（smoothing）、妥协（compromising）、问题解决（problem solving）；希拉姆和波诺马（Rahim & Bonoma，1979）按照"关注他人—关注自己"划分冲突管理类型，分别表示为：命令（dominating）、整合（integrating）、回避（avoiding）、服从（obliging）和折衷（compromising）。虽然冲突处理类型经历多次发展，但最终以合作、竞争、顺从、回避、折衷五种冲突管理类型为研究基础。图 2－3 将这两个主流分类方法放置于一张图中。

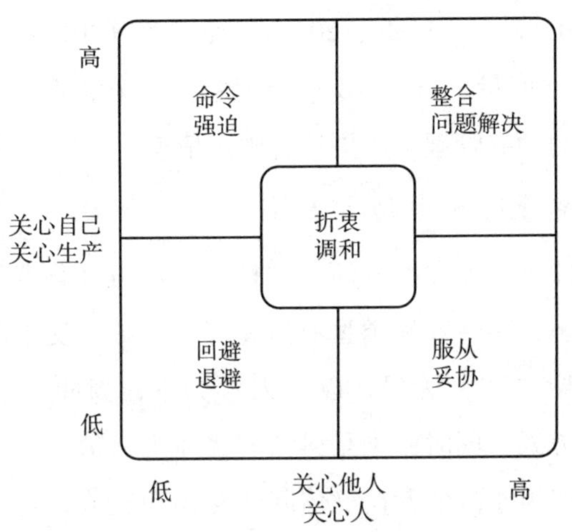

图 2－3　团队冲突管理类型

注：冲突分类从上至下依次为希拉姆和波诺玛（Rahim & Bonoma，1979）；布莱克、谢泼德和穆顿（Blake，Shepard & Mouton，1964）。

合作（collaborating/integrating）的冲突管理类型，指冲突的个体既关注于自己又关注于对方的利益，该模式本着问题解决的态度，主动交换信息以寻求共赢（win-win）的局面。竞争（competing/dominating）的冲突管理类型，指冲突方通常只关心个人的利益，或利用自身权势胁迫对方，最终目的是使自身利益最大化（win-lose）。顺从（obliging/accommodation）的冲突管理类型指冲突方宁愿牺牲自己利益而使对方利益最大化，使对方满意。回避（avoiding）的冲突管理类型指冲突各方对问题漠不关心，采取回避的态度，保留己见。折衷（compromising）的冲突管理方式处于合作与对抗之间，冲突方都可做适当让步。

五种冲突管理类型描述了各冲突方面对冲突时不同的冲突应对方式，并在冲突研究中得到广泛应用。但实证研究发现，由于五类冲突管理类型某两类或三类间的高度相关性，使得这五类冲突管理方式的因子分析结果显示为三类或四类，而不是五类（Cai & Fink，2002；Weider - Hatfield，1988）。回顾现有冲突文献也发现，部分冲突管理类型实证研究用了三类型冲突管理类型（Huang，2010；Zhang et al.，2014）。张勇等（2012）在中国情境下对希拉姆的冲突管理类型量表（ROCI - II）做了有效性研究，研究结果表明合作、竞争和忍让的冲突管理类型更适合中国情境。

2. 团队冲突管理的中西方差异

现有文献对冲突管理类型的研究往往基于西方文化背景。然而，受中西方文化背景的影响，冲突管理类型有所差异。比如，受中国传统儒家文化的影响，中国人倡导“和”为贵，以“人”为本，当冲突发生，趋于用“和谐”的冲突处理方式。同时中国是典型的集体主义价值观国家，认为个人利益与组织利益紧密相连，个人在群体间的互动和交流，是一种很微妙的索取与奉献的关系。因此，中西方的冲突管理类型有所差异。

中国是儒家文化的发源地。儒家文化提倡以团队为导向和人际间的和谐（Hofstede，1980；Qian，Cao & Takeuchi，2013）。这些价值观影响了中国人对冲突的认知（Kirkbride，Tang & Westwood，1991）。第一，儒家思想和集体主义价值观要求个体服从集体，在团队中控制情绪，避免竞争和冲突，保持团队内部和谐。这些和谐和集体主义观的价值模式使人们一味寻求和谐，当冲突发生往往采取回避或顺从的冲突管理行为。第二，传统文化中的下级服从上级，是权利距离的根源。子从父，下级服从上级等有严格的个人关系结构，要严格遵守（Leung et al.，2011）。第三，中国在冲突中很在意“面子”，“给面子”在冲突中被认为是受到对方的尊重，是一种维持和谐关系的体现（Leung & Ricky，2003）。第四，“关系”在中国文化中很受重视，在社会交往中，良好的关系可以带来更多的满意度和不可预料的收获（Wong & Tjosvold，2010）。许多研究者基于中国文化的和谐、服从、“面子”和“关系”等传统文化特点，研究了中国人的冲突管理偏好（Leung et al.，2011；Wong & Tjosvold，2010）。这些研究显示，中国人更趋向于选择非进攻性的冲突行为，比如：避免和忍让。

西方是典型的集体主义国家，注重个性发展、以个人为中心，个人利益高于集体利益。其显著的表现特征以“发展”为目标，以“竞争”为手段，以求得发展和创新。加之在个人主义为导向的宗教文明与商业文明的熏陶下，当冲突发生，西方人选择的冲突行为是积极主动的、个人主义的和有很强竞争意识的，比如：竞争型冲突管理类型。

2.1.4 其他相关理论

1. 权变理论

权变理论最早由劳伦斯和洛尔施提出。权变的观点以组织的系统观为基础，以组织的环境变量和管理变量间关系为研究对象，旨在强调采取的组织目标和管理方式要充分考虑组织所处的具体环境（Lawrence & Lorsch，1967）。因此，权变理论的核心思想是因地制宜、因时制宜、因人制宜。权变理论以系统观为基础，认为组织管理不是一种与世隔绝的活动，管理活动需要与其不断变化的环境互相影响，获得发展。随着现代组织环境系统自身复杂性和动态性的不断提高，权变理论越来越受关注。管理者也越来越意识到组织目标、工作性质、职工素质等因素对组织结构和组织管理方式有很大影响。

冲突管理权变理论主张通过合理的管理行为和组织设计以减弱关系冲突对绩效的负面影响。因此，基于权变理论进行冲突管理研究的理论和现实意义在于，突破传统管理方式的机械的证实管理变量直接的输入输出关系，将冲突管理活动看作是多维的复杂问题，冲突管理者要因人、因事、因时的用权变的思想，充分考虑管理背景和权变因素。即关注冲突与绩效关系间的调节变量，建立权变模型，以分析、探索关系冲突对绩效消极影响的背后原因，为管理者进行冲突管理提供理论和实践指导。

2. 政治技能

组织是一个政治的竞技场（Mintzberg，1983）。个体要在这样的权利和利益并存的竞技舞台中获得成功，个人政治技能（political skill）很关键。政治技能是组织政治的重要分支，是继政治行为、政治认知之后发展起来的个体综合技能。政治技能的概念最早由普费弗在1981年的组织权利角逐文献中提出。随着这一概念的发展和扩充（Mintzberg，1985），费里斯、戴维森和普若维在2005年对政治技能的相关研究进行了总结，认为政治技能是一种人际互动和社交效能相结合的个体综合能力。费里斯、戴维森和普若维（Ferris，Davidson & Perrewé，2005）定义政治技能为“在工作中可以有效地理解他人，用个人知识影响他人，并采取有效的方式以提高个体或组织目标。”费里斯、戴维森和普若维指出，拥有政治技能的个体能够依据组织情境变化随时调整自己的行为，通过实施政治技能以获得组织资源并给其他组织成员留下良好印象。拥有高政治技能的个体可以积极面对消极情绪和负面因素，并能够在组织中更好的生存和发展（Ferris，Davidson & Perrewé，2005）。政治技能包括四个维度：个人机敏性（social astuteness），指个体能够敏感的感知外界变化并能够精确地观察他人变化的能力；人际影响力（interpersonal influence），指个体能够依不同的情境，采取和谐的处事风格给对方施加影响；网络能力（networking ability），指个体具有开发并拓展各种人际网络的能力，拥有这种能力的个体善于利用个人交际网络沟通、谈判与达成合作，使个人或组织获得更多有利的资源并取得发展；外显真诚（apparent sincerity），指个体在与他人交流与互动过程中，通过自己恰当的表达和真诚的沟通，可以增强对方的信任感。政治技能维度在建构过程中，参考了自我监管（self-monitoring），政治理解（social savvy）和情商（emotional intelligence），因此政治技能概念超越了任何单一的概念特征，是一种在现代组织发展中不可或缺的个人综合能力（Mintzberg，1983）。

随着对政治技能研究的不断深入，研究者不仅探索了政治技能对团队或个体绩效的影响，同时还将政治技能作为调节变量，探索政治技能对其他变量间接关系的影响。例如，研究者已经证实政治技能对项目绩效、自我效能、工作满意度、组织承诺、事业成功、个人声誉等的积极作用（Blickle et al.，2012；

刘军、吴隆增、许浚，2010）。另外，政治技能对“超负荷工作—压力”关系（Perrewé al.，2005），“压力—结果”关系（Meurs，Gallagher & Perrewé，2010）、“角色冲突—焦虑”关系（Perrewéal.，2004）等有调节作用。费里斯、普若维和道格拉斯（Ferris，Perrewé & Douglas，2002）呼吁研究人员继续探索政治技能对其他组织因素的影响（Ferris，Perrewé & Douglas，2002）。因此，基于以上研究成果，本书将探索政治技能对关系冲突的影响。

3. 图模型理论

图模型理论又叫图模型冲突解决方法（Graph Model for Conflict Resolution），是一种简单的、柔性的、最小信息需求的战略冲突处理方法。该方法为冲突者充分了解冲突并对如何应对冲突提供理论指导。换句话说，图模型方法鼓励冲突者“跳出”冲突分析的黑箱。图模型首先由基尔戈、希普尔和方（Kilgour，Hipel & Fang，1987）创建。方、希普尔和基尔戈（Fang，Hipel & Kilgour，1993）首次对该理论做了理论整理和完善。图模型理论的基础为经典对策论（game theory）和偏对策论（metagame theory）。图模型的应用领域十分广泛，包括：环境冲突、军事冲突、国际谈判和经济争端等（Obeidi，Kilgour & Hipel，2009；Montes，Rodríguez & Serrano，2012；Kilgour et al.，2001）。

图模型方法的基本原理是将现实的、复杂的、不易分析的无结构冲突信息抽象为数学模型，经历建模和稳定性分析过程求得冲突事件的均衡解。其中建模过程包括：确定冲突各方策略集、确定可行状态和可能的状态转移情况、确定冲突方或决策者偏好信息、稳定性分析（个体稳定性和全局稳定性）、决策方案比选分析。因此，图模型分析方式与博弈论相比是一种介于定性与定量分析的解决多人多目标的决策方法（韩雪山、徐海燕，2012）。其最大特点是通过分析决策者的偏好信息，结合现实问题进行逻辑分析，对冲突事件进行预测和评估，从而为决策者提供科学的决策依据。其解决过程如图 2－4 所示。

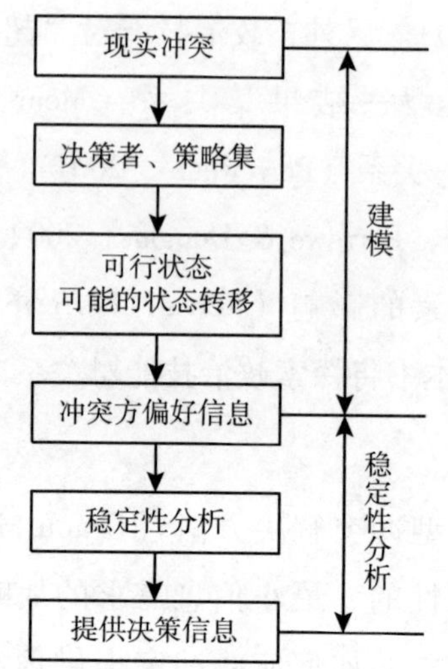

图 2-4　冲突分析图模型分析过程

4. 社会认知理论和自我归类理论

社会认知理论（social cognition theory）由阿尔伯特·班杜拉在 20 世纪 80 年代提出。该理论基于行为学和社会学习的框架构建，它在心理学和组织行为学方面显示出很大优势。首先社会认知理论概念比行为学和社会学习更广义、更综合。另外，在社会认知理论中，学习被看作是通过信息认知过程的知识获取过程，个体信息认知的差异由个体特征差异决定。随后，基于社会认知理论和一些基础理论研究，班杜拉等继续丰富了自我效能理论的概念，解释了个体心理认知怎样通过环境的控制行为而达到个体所渴望的预期结果。该理论指出个体行为、主体认知和社会环境这三个因素是动态交互影响的。其核心思想是人类认知与行为存在因果关系，同时内在思维活动和环境因素共同决定人的行为（Bandura，1985；廖成林、袁艺，2009；夏瑞卿、杨忠，2013）。个体行为、主体认知和社会环境三者的共同交互关系如图 2-5 所示。其中的主体认知由自我效能和结果预期两部分组成。以往大量的研究也指出了自我效能和结果预期对提高项目绩效的重要性。

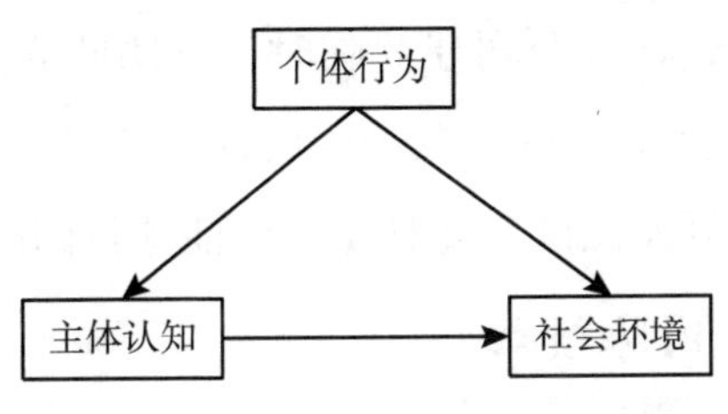

图 2-5　社会认知的三元交互模型

自我归类理论（self-categorization theory），指个体通常把自己或他人归为不同的社会群体（Tajfel，1981；Tajfel & Turner，1985；Turner，1985），并且根据个体多样性特征（表面的或深层的）、社会结构、工作单元等对群体进行定义（Hogg & Terry，2000）。这些分类往往基于某些社会或心理需求。明确的分类帮助个体明确给出对其他人或组织的互动战略（Tajfel & Turner，1985；Turner，1985）。当个人将自己归为某个与自己很相似的群体中，并认为群体中的个体与自己很相似（Castano & Yzerbyt，1998；Fiske & Taylor，2008）。个体在这样的群体中更愿意进行信息交流并开发共同的认知、价值观等（Fiske & Taylor，2008）。这样组内的个体也趋于共享信息与交流，进而激发进一步的深层交流动机和其他交互行为（Blader & Tyler，2009）。

2.2　概念界定

1. 研究对象

交叉职能项目团队是工作团队的主要形式之一。该团队通过团队成员彼此的协同效应、相互的责任及成员间互补的技能以实现共同的工作目标。随着全球化市场竞争的日益激烈及顾客对新产品需求的不断提升，越来越多的组织在企业内部建立交叉职能项目团队，以完成企业短期项目目标。如生产企业创建新产品开发团队进行新产品开发和创新，IT 企业建立软件开发团队独立完成软件开发项目，设计公司建立临时设计团队完成集成设计项目。因此，本书的研究对象包括了制造、电子、设计、IT 等行业的集成设计团队、新产品开发团队和软件开发团队等多种交叉职能项目团队形式。

2. 交叉职能项目团队绩效

根据项目绩效的二维结构模型，即将绩效分为任务绩效（质量目标、工期目标、成本目标）和关系绩效（成员工作满意度、离职倾向等），并考虑交叉职能项目团队是临时性任务团队，以满足企业、顾客需求为最终目标，本书将交叉职能项目团队绩效的测量指标界定为：项目的质量目标、工期目标、成本目标、满足业主要求、满足用户需求、满足其他利益相关方需求等六个方面。

另外，本书还进一步研究了交叉职能项目团队关系冲突对绩效的跨层次影响。组织是一个多层次的系统，个体是群体的基本单元，个体相对于团队独立存在，而团队是相异的个体的有机组合。团队中的个体间的相互作用会对团队产生实质性的影响，同时个体对团队的影响效应又会反作用于个体，对个体产生一定影响。因此，本书还关注于交叉职能项目团队关系冲突对团队成员满意度的跨层次影响。其中团队成员满意度由两方面体现：一是关注交叉职能项目团队成员在团队工作中是否感到愉快；二是关注交叉职能项目团队成员是否愿意留在项目团队中继续工作。

第3章 交叉职能项目团队关系冲突关键影响因素研究

3.1 引　　言

交叉职能项目团队成员来自企业或组织的不同功能部门，个体多样性差异和团队任务的多样性特征，使得关系冲突不可避免。探索交叉职能项目团队的前因（antecedent）是研究工作的开始。因此，本章拟通过实证研究确定关键影响因素。研究结果将为管理实践者认识、控制和管理不利的关系冲突提供直接的依据，同时为冲突研究者从权变的视角进一步探索交叉职能项目团队关系冲突发生机理，研究交叉职能项目团队关系冲突管理策略提供理论支持。

为了实现以上研究目标，研究分以下四步：①通过大量文献回顾，初步确定交叉职能项目团队关系冲突影响因素；②通过试问卷和专家小组讨论，结合交叉职能项目团队特征，修正并精炼初步的影响因素，进而确定最终的影响因素；③问卷调查（基于步骤2结果）；④建立结构方程模型（structure equation model，SEM），确定关键影响因素间关系。总体研究框架图，如图3－1所示。

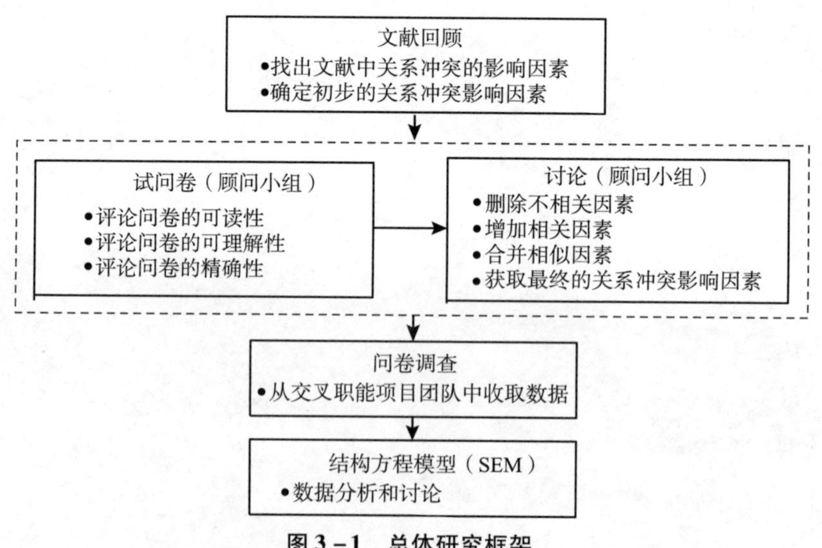

图3－1　总体研究框架

3.2 文献综述与研究假设

本部分通过文献回顾确定了初步的关系冲突影响因素。首先，笔者阅读了大量交叉职能项目团队背景的文献，确定了 14 个影响因素。考虑到关系冲突是组织中的一种普遍现象，在组织行为学和心理科学领域，关系冲突研究已经取得一定成果。笔者进一步阅读并对比这两个领域的相关文献发现，某些影响因素在文献中被反复提到，比如：性别、团队任期、信任、价值观一致性等。因此，研究进一步提取了 7 个在这些文献中出现三次以上的影响因素。最终，初步的关系冲突影响因素体系包括 21 个因素。表 3－1 列出了由 21 个影响因素构成的初步影响因素。这些影响因素总体包括四个方面：个体多样性、不确定的团队任务、组织文化多样性和不适当的行为。

表 3－1　交叉职能项目团队初步确定的影响因素

主要方面	具体因素	文献来源
个体多样性	①性别	Jehn et al.（1997） Lawrence（1997） Tsui，Egan & Xin（1995）
	②种族	Harrison et al.（2002） Pelled et al.（1999）
	③年龄	Jehn et al.（1997） Lawrence（1997） Tsui et al.（1995）
	④组织任期	Harrison et al.（2002） Lawrence（1997） Camelo－Ordaz et al.（2014） Bishop（1999）

续表

主要方面	具体因素	文献来源
个体多样性	⑤个性特征	Chen（2007） Cheung & Chuah（1999） Barrick et al.（1998） Earley & Gibson（1998） Noordin et al.（2002）
	⑥兴趣	Smith & Edmondson（2006） Simons & Peterson（2000）
	⑦认知	Ruuska & Teigland（2009） Mohammed & Angell（2004） Pelled（1996） McCann et al.（1985） Linberg（1999）
	⑧经验	Jehn et al.（1997） Lawrence（1997） Stephens et al.（2013） Bishop（1999）
	⑨技巧和能力	Neuman & Wright（1999） Putnam & Folger（1988） Ferris，Davidson & Perrewé（2005）
团队任务不确定	⑩需求不确定	Cheung & Chuah（1999） Argote（1982） Robinson & Griffiths（2005） Liu et al.（2011）
	⑪时间紧迫性	Waller，Conte，Gibson & Carpenter（2001） Bishop（1999）
	⑫风险分担	Cheung & Chuah（1999） Al – Sobiei et al.（2005） Khazaeni et al.（2012） Hanna et al.（2013）
组织文化多样性	⑬组织规定	Ren & Gray（2009） Mahalingam & Levitt（2007） Iorio & Taylor（2014）

续表

<table>
<tr><th>主要方面</th><th>具体因素</th><th>文献来源</th></tr>
<tr><td rowspan="2">组织文化多样性</td><td>⑭表达规则</td><td>Ren & Gray (2009)
Ekman (1973)
Iorio & Taylor (2014)</td></tr>
<tr><td>⑮工作行为</td><td>Ren & Gray (2009)
Barker (2010)
Iorio & Taylor (2014)</td></tr>
<tr><td rowspan="6">不适当的行为</td><td>⑯断然拒绝</td><td>Witteman (1992)
Zhang & Lin (2009)
Runde (2014)</td></tr>
<tr><td>⑰累积的怨愤</td><td>Tsui et al. (1992)</td></tr>
<tr><td>⑱挑剔苛刻</td><td>Young et al. (2013)
Zhang & Lin (2009)</td></tr>
<tr><td>⑲不信任</td><td>Smith & Edmondson (2006)
Simons & Peterson (2000)
Jehn & Mannix (2001)</td></tr>
<tr><td>⑳沟通缺乏</td><td>Sinickas (2001)
Cheung & Chuah (1999)
Dawes & Massey (2005)</td></tr>
<tr><td>㉑辱虐行为</td><td>Tepper et al. (2011)
Harris et al. (2011)</td></tr>
</table>

1. 个体多样性（individual diversity）

个体多样性又分为表面个体多样性和深层个体多样性（Mohammed & Angell, 2004；Harrison et al., 2002）。表面个体多样性特征指年龄、性别、种族、组织任期等人口统计学特征方面的差异（Lawrence, 1997；Tsui, Egan & Xin, 1995）。团队成员的深层个体差异性特征涉及到个性、价值观、认知、经验等方面的差异（Cheung & Chuah, 1999；Chen, 2007；Earley & Gibson, 1998；Stephens et al., 2013）。耶恩（Jehn, 1997）指出个体差异性越大，关系冲突越可能发生。因为个体差异性较小的团队成员间沟通更顺畅，并且更容易信任对方。出于对自我社会地位的保护，个体倾向于同自己有共同个体特征的人交往（Turner & Haslam，2001），因为他们认为同这样的人交往，自己的价值观等更容易被认可。大量的研究已经关注于个体多样性特征（表层多样性和深层多样性）对关系冲突的影响（Tsui，Egan & Xin，1995；Harrison et al.，2002；Tekleab & Quigley，2014；Barrick et al.，1998），并且这些研究既有个体层面研究也有团队层面研究。基于此，本书提出如下假设：

H1：个体多样性正向的影响交叉职能项目团队关系冲突。

2. 不确定的团队任务（uncertain task）

不确定的团队任务是指因对团队任务缺乏必要的分析而导致的不完整的任务信息。变化多样的内外部环境而导致的不确定的需求是交叉职能项目团队面临的基本问题（Bishop，1999；Anthony，Green & McComb，2014）。麦克法兰（McFarlan，1981）也指出不确定的需求是关系冲突的一个主要根源。这是因为不确定的需求，如资源和项目计划的变动等，将导致团队成员的压力和消极情绪（Cheung & Chuah，1999；Robinson & Griffiths，2005）。这些消极情绪常常引发团队成员间的敌对、愤恨和不满，这些都是关系冲突的根源。另外，交叉职能项目团队是包含了多个组织功能部门的临时性任务团队。不同功能部门间风险分担通常会引发争议（Cheung & Chuah，1999；Al－Sobiei，Arditi & Polat，2005）。不合理的风险分担指团队成员没有从分担的风险中获取相应的收益，或风险成本远超过风险对应的预期收入（Hanna，Thomas & Swanson，2013）。因此，团队任务不确定性越大，团队成员持续合作的困难越大，产生的对抗、反感等消极情绪都将成为关系冲突的根源。基于此，本书提出如下假设：

H2：不确定的团队任务正向的影响交叉职能项目团队关系冲突。

3. 组织文化多样性（organization culture diversity）

组织文化多样性指交叉职能项目团队成员来自不同的组织功能部门，团队成员有不同的组织文化背景。组织文化多样性表现为根植于团队成员中的组织价值观、组织认知、组织规范标准等可能影响团队成员工作行为的因素

（Tsai & Chi，2009；Trompenaars & Hampden – Turner，2004）。雷恩和格雷（Ren & Gray，2009）指出不同的组织文化背景从组织规定（regulations 或 code）、表达规则（display rules）、工作行为（facework rules）等三方面反应。不同的组织规定指不同的组织条例或工作标准（Mahalingam & Levitt，2007）。由于功能部门间条例或工作标准的差异增加了沟通难度，并经常导致重复工作。因此，功能部门间工作条例和标准差异，增加了沟通难度，进而导致可能的关系冲突。表达规则指日常情绪的表达方式或调解方式（Ren & Gray，2009）。一个成员的消极情绪会影响另一成员的情绪，因为在团队成员工作互动过程中这些消极的情绪会持续地相互煽动消极情绪和不满。工作行为指团队成员所表现出来的礼貌行为程度，这在一定程度上体现了团队良好的人际关系程度。团队成员间良好的人际关系可以促进信息交流和信任构建。因此，团队成员间的误解、不当的情绪表达和不礼貌的工作行为都可能是关系冲突的根源。基于此，本书提出如下假设：

H3：组织文化多样性正向的影响交叉职能项目团队关系冲突。

4. 不适当的行为（inappropriate behavior）

不适当的行为指团队成员间不适当的沟通和互动方式。沟通在促进团队合作和提高团队成员间信任中起了重要角色（Dawes & Massey，2005；Chen，2007；Anthony，Green & McComb，2014；Yiu & Cheung，2007；Sarker et al.，2011）。项目团队的成功需要最小化沟通障碍和冲突（Bishop，1999；Cheung & Chuah，1999）。另外，交叉职能项目团队成员具有竞争的社会属性。项目团队成员以完成项目目标为导向，但是项目共享的资源池和独立的个体角色导致团队成员常常倾向于个体目标的实现（Pee，Kankanhalli & Hee – Woong，2010）。为了争取更多的资源以保护自己的利益，团队成员可能表现出对立的态度或粗鲁的行为，例如断然拒绝、挑剔苛刻（Zhang & Lin，2009；Young et al.，2013）、辱虐行为（Harris，Harvey & Kacmar，2011；Tepper，Moss & Duffy，2011）等。长此以往，团队合作的氛围被打破，随后团队成员间累积的怨愤形成。这些都是关系冲突的根源。基于此，本书提出如下假设：

H4：不适当的行为正向的影响交叉职能项目团队关系冲突。

基于以上假设提出概念模型如图 3－2 所示。

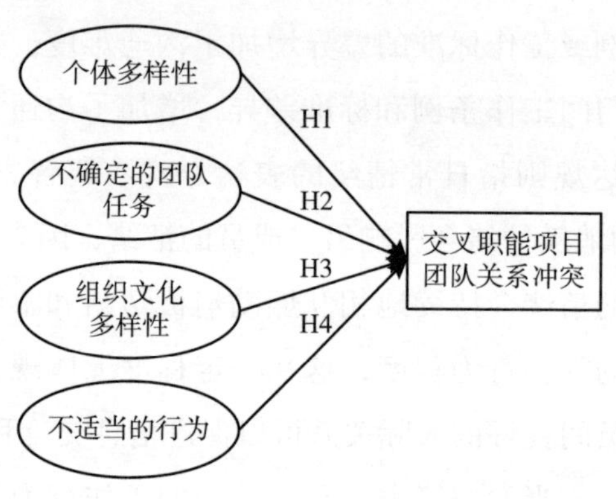

图 3－2　研究概念模型

3.3　研究方法

以上文献综述得出了初步的影响因素，但是为了保证确定的影响因素进一步满足交叉职能项目团队的背景，研究构建了一个顾问小组，针对初步确定的影响因素进行了一轮试问卷和小组讨论。顾问小组成员由五位交叉职能项目团队的专家和实践者构成。表 3－2 列出了顾问小组成员的基本信息，包括工作年限、当前的职位和专长。研究人员提前联系顾问组专家并安排好讨论议程。为了保证五位专家同时参与，讨论会议安排在周末进行。首先，各位专家独自完成一轮试问卷，针对问卷的可读性、可理解性和问题的精确性作出评判。随后，五位专家共同针对初步确定的影响因素进行讨论。讨论结束后，专家给出问卷的修改意见（因素的删除、合并、增加），进而得到最终的影响因素。根据专家建议，删除了年龄和性别因素，合并组织任期和经验因素，增加了平等的权利因素。专家认为，当前的交叉职能项目团队构建过程更关注团队成员的专业知识和技术能力，性别和年龄不再重要；其次，平等的权利被视为在交叉职能项目团队中被接受或认可的象征，当团队成员感到不公平的对待或个人利益受到威胁时，往往表现出对抗或拒绝合作的行为；再次，团队成员的组织任期一定程度上反映出个人的工作年限；最后，缺乏沟通往往导致信任缺失。因此，依据讨论结果，在最终的影响因素中删除了性别和年龄因素，合并了组织任期和经验因素，合并了不信任和缺乏沟通因素。最终的交叉职能项目团队关系冲突影响因素包括了 18 个因素，如表 3-3 所示。

表 3-2　顾问小组成员背景

背景	编号	工作年限	职位	工作专长
有经验的专家	①	32 年	教授、一般管理者	项目实施管理
软件开发团队	②	28 年	一般管理者、程序员	制定项目目标、日常管理
集成项目设计团队	③	15 年	副经理、工程师	项目实施管理
	④	27 年	副经理、工程师	制定项目目标
	⑤	14 年	建筑师	设计、协调

表 3-3　最终的交叉职能项目团队关系冲突影响因素

主要方面	具体因素
个体多样性（ID）	ID1 种族
	ID2 组织任期
	ID3 个性特征
	ID4 兴趣
	ID5 认知
	ID6 技巧和能力
不确定的团队任务（UT）	UT1 需求不确定
	UT2 时间紧迫性
	UT3 风险分担
	UT4 平等的权利

续表

主要方面	具体因素
组织文化多样性（OCD）	OCD1 组织规定 OCD2 表达规则 OCD3 工作行为
不适当的行为（IB）	IB1 断然拒绝 IB2 累积的怨愤 IB3 挑剔苛刻 IB4 沟通缺乏 IB5 辱虐行为

3.3.1 样本和数据收集

本书样本数据来自中国的制造、电子、设计和 IT 等工业。这些工业创建交叉职能项目团队以满足企业技术和创新需求。例如，制造企业创建交叉职能项目团队进行新产品开发，设计公司成立交叉职能项目团队以完成集成项目设计任务。电子和 IT 公司，创建交叉职能项目团队进行产品研发与创新。随着中国经济的快速发展，各行业建立了大量的各种形式的交叉职能项目团队，为本书提供了可靠的研究样本。本书样本企业来自于大型工业会议参会企业目录和专业协会企业会员。首先，研究者直接联系可能参与本次研究的企业中层管理者，并说明本次调研的目的、研究过程和参与者可能的收益。随后，12 家公司陆续联系我们并表达了他们参与本次研究的意愿。经过进一步的沟通，研究者从这 12 家公司中最终确定了 21 个交叉职能项目团队作为本次调查的对象。调查样本特征如表 3－4 所示。

表 3－4　研究项目样本特征

项目特征	项目数量
项目类型	制造—4；电子—4；设计—7；IT—6
项目任期	小于 1 年—4；1～2 年—5；2～3 年—6；3～5 年—4；大于 5 年—2

续表

项目特征	项目数量
项目团队人员数量	1~5 人—1；6~10 人—7；11~20 人—9；大于 20 人—4
项目复杂性	低—2；稍低—2；中等—9；稍高—5；高—3

注：项目数量 =21。

随后大量的问卷被分发给 21 个交叉职能项目团队的团队成员。参与成员还应满足以下特征：①现在正在执行交叉职能项目任务；②在交叉职能项目团队中工作三年以上。问卷题目基于最终的交叉职能项目团队影响因素。参与者需要根据自己经验和知识，指出每一个因素会导致团队成员关系冲突的程度。问卷用了 5 分的里克特量表（1 代表非常不同意；5 代表非常同意）。问卷调查过程结束后，264 份问卷被回收，除去 28 份不完整的问卷，最终获得了 236 份完整的问卷。问卷参与者的人口统计学信息如表 3-5 所示。由表 3-5 可知，参与者 77.6% 具有本科以上学历，并且大部分具有 5 年以上的工作经验。

表 3-5　　参与者的人口统计学特征

变量	分类	人数	%
性别	男	101	42.8
	女	135	57.2
年龄	20~29	77	32.6
	30~39	75	31.8
	40~49	45	19.1
	50~59	27	11.4
	>60	12	5.1
工作经验	3~5 年	47	19.9
	6~10 年	33	14.0
	11~15 年	44	18.6
	16~20 年	56	23.7
	21~25 年	24	10.2
	>25 年	32	13.6

续表

变量	分类	人数	%
教育程度	专科	53	22.5
	本科	97	41.1
	研究生及以上	86	36.4

注：有效问卷数量=264。

本书用了阿姆斯特朗和奥费屯（Armstrong & Overton，1977）的时间趋势过程，验证无应答偏差。研究者对比早期和晚期的应答者的问卷，发现没有显著差异。随后，研究者用了林德尔和惠特尼（Lindell & Whitney，2001）的马尔科夫变量技术检验可能存在的共同方法偏差。结果显示研究数据集不受共同方法偏差的影响。

3.3.2 结构方程模型

结构方程模型（structure equation model，SEM），又叫隐变量模型。一个完整的结构方程模型包括测量模型（measurement model）和结构模型（structure model）（Byrne，1994；温钟麟和吴艳，2010）。结构方程模型可以很好地验证变量间的因果关系，同时它有助于研究者认识复杂的变量关系（Kim et al.，2009）。已有大量研究用SEM验证变量间的复杂关系（Chen et al.，2012；Hon，Chan & Yam，2012），本书将用SEM验证交叉职能项目团队关系冲突的影响因素是可行的。

测量模型：首先对包含4个主要方面的18个影响因素的交叉职能项目团队关系冲突影响因素进行信效度检验。克伦巴哈α系数用来检验问卷信度，其中α值大于0.7被证明是信度良好的（Sharma，1996）。另外，效度分为聚合效度和区别效度。聚合效度的测量有三个标准（Fornell & Larcker，1981）：①所有变量载荷大于0.7；②组合信度大于0.8；③平均方差攫取量（AVE）应该大于0.5。区别效度的测量用AVE的平方根测量（Barclay，Higgins & Thompson，1995)，当 AVE 的平方根大于任意两变量间的相关矩阵，说明变量的区别效度也是满足的。如表3－6所示，所有隐变量的克伦巴哈α系数大于0.8，AVE介于0.58与0.67，所有变量载荷大于0.7。因此，测量模型有良好的信度和聚合效度。同时，在表3－6的对角线上，所有AVE的平方根值均大于任意两隐变量间的相关系数。因此，测量模型的收敛效度也是可行的。

表3－6　测量模型结果分析

	测量条目数量	AVE	CR	克伦巴哈α	相关系数				
					ID	UT	OCD	IB	RC
个体多样性（ID）	6	0.58	0.89	0.93	**0.76**				
不确定的团队任务(UT)	4	0.59	0.85	0.87	0.18	**0.76**			
组织文化多样性(OCD)	3	0.67	0.86	0.85	0.20	0.16	**0.82**		
不适当的行为（IB）	5	0.64	0.89	0.92	0.35	0.19	0.40	**0.80**	
关系冲突（RC）	4	0.61	0.86	0.89	0.24	0.33	0.29	0.40	**0.78**

测量条目	均值	标准差	标准因素载荷（λ）					累积变异	p－Value
			ID	UT	OCD	IB	RC		
ID1 种族	3.38	0.66	0.73					35.24	<0.01
ID2 组织任期	3.14	0.89	0.79						<0.01
ID3 个性特征	3.27	0.92	0.81						<0.01
ID4 兴趣	3.45	1.01	0.70						<0.01
ID5 认知	3.33	0.75	0.72						<0.01
ID6 技巧和能力	3.78	0.79	0.82						<0.01
UT1 需求不确定	3.96	0.92		0.83				41.79	<0.01
UT2 时间紧迫性	3.65	1.02		0.71					<0.01
UT3 风险分担	4.12	0.78		0.78					<0.01
UT4 平等的权利	3.82	0.83		0.76					<0.01
OCD1 组织规定	3.11	0.69			0.76			55.33	<0.01
OCD2 表达规则	3.31	0.77			0.90				<0.01
OCD3 工作行为	3.56	0.81			0.78				<0.01
IB1 断然拒绝	2.87	0.63				0.74		58.71	<0.01

续表

测量条目	均值	标准差	标准因素载荷（λ）					累积变异	p - Value
			ID	UT	OCD	IB	RC		
IB2 累积的怨愤	4.19	0.84				0.89			<0.01
IB3 挑剔苛刻	3.27	0.76				0.86			<0.01
IB4 沟通缺乏	3.58	0.58				0.77			<0.01
IB5 辱虐行为	3.20	0.74				0.72			<0.01
RC1 团队成员间有很多摩擦	3.41	0.59					0.70	60.11	<0.01
RC2 团队成员之间的性格冲突很明显	3.89	0.70					0.88		<0.01
RC3 团队成员之间关系很紧张	4.01	0.84					0.73		<0.01
RC4 团队成员间情绪冲突频繁	2.78	1.12					0.79		<0.01

注：加粗的对角线值为 AVE 的平方根；CR = 组合信度。所有因素载荷在 ** $p<0.01$ 下显著。

结构模型：结构模型可以有三个标准验证，模型的适配性（goodness-of-fit，GOF）、隐变量的 R^2 价值和路径系数。检验结构模型的适配性的好坏通过适配性指标，假若模型的适配性不好，需要对模型进行修正。表 3 - 7 列出了一些主要的适配性指标和对应的建议水平值。如表 3 - 7 所示，本书结构模型的适配性指标没有全部达到建议值，因此模型需要进行修正。本书用了两种模型修正方法：①删除低相关路径的变量；②增加错误路径间的共变关系（Molenaar，Washington & Diekmann，2000）。经过几次对模型的修正，结构模型得到了较好的适配性和理论期望。修正后的模型去掉了低相关路径变量的兴趣因素，增加了错误路径的共变关系。修正前模型和修正后模型对比见图 3 - 3 和图 3 - 4。同时，表 3 - 7 最后一列列出了模型最终的适配性指标值。另外，本书的 R^2 价值解释了 35% 的变异量，在金（Chin，1998）的研究中，33% 的变异量被认为是适度的（Chin，1998）。因此，本书认为 R^2 价值是可以接受的。同时研究发现，个体多样性（$\beta = 0.29$，$p < 0.01$），不确定的团

队任务（$\beta = 0.39$，$p < 0.01$），组织文化多样性（$\beta = 0.23$，$p < 0.01$）和不适当的行为（$\beta = 0.37$，$p < 0.01$）对交叉职能项目团队关系冲突都有正向的影响。以上结果如表 3－8 和图 3－5 所示。

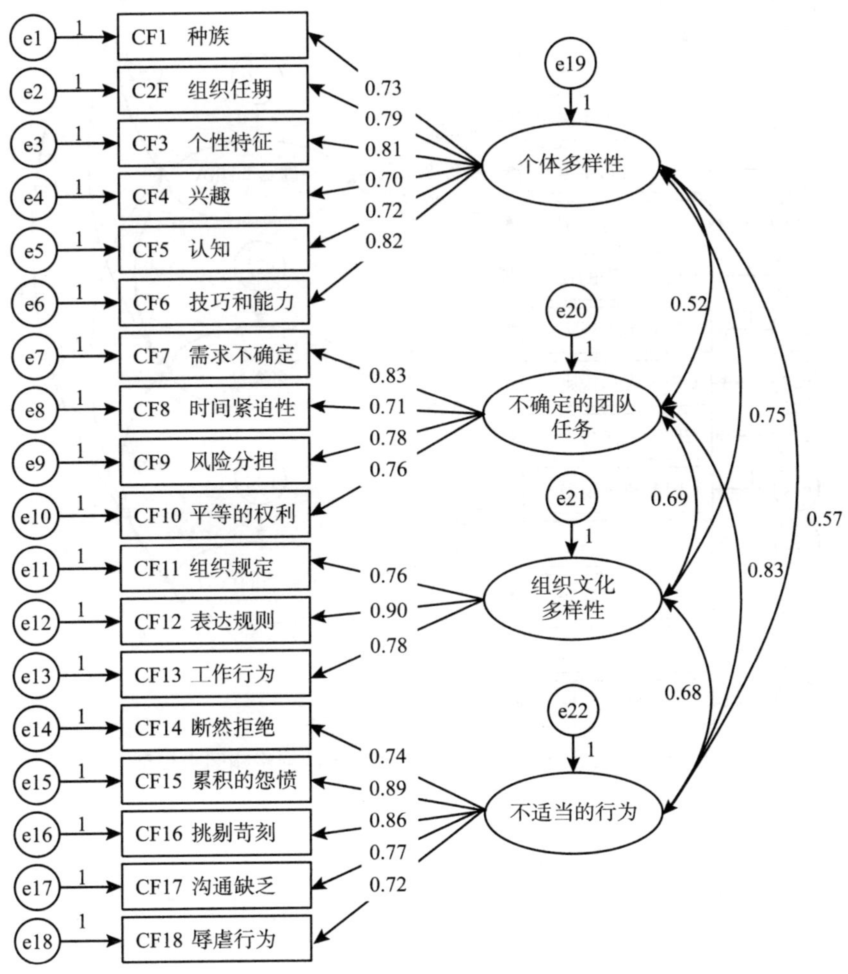

图 3－3 修正前交叉职能项目团队关系冲突影响因素模型

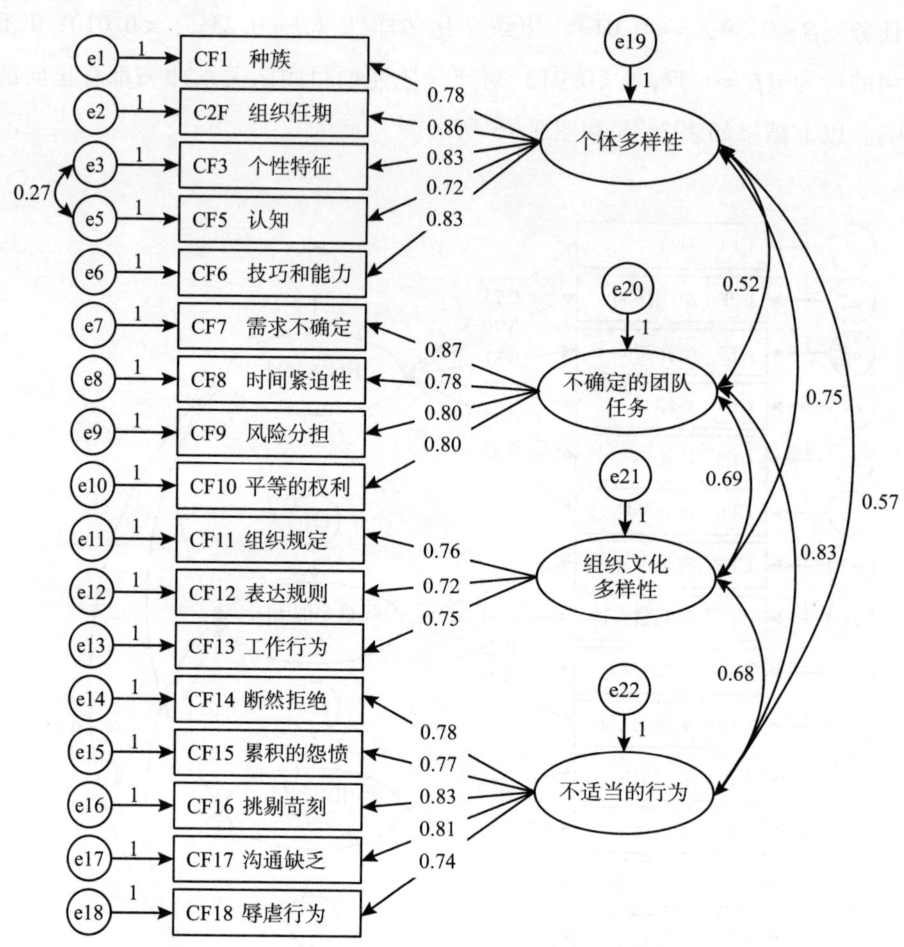

图 3-4　修正后交叉职能项目团队关系冲突影响因素模型

表 3-7　SEM 适配性测量指标

适配度指标（GOF）	建议的水平	结构模型	修正后的结构模型
$\chi 2/df$	<2（Bentler，1985）	2.19	1.47
NNFI	>0.9（Browne & Cudeck，1993；Jöreskog & Sörbom，1993）	0.90	0.91
CFI	>0.9（Browne & Cudeck，1993；Jöreskog & Sörbom，1993）	0.94	0.98

续表

适配度指标（GOF）	建议的水平	结构模型	修正后的结构模型
GFI	>0.9（Browne & Cudeck，1993；Jöreskog & Sörbom，1993）	0.87	0.92
RMSEA	<0.05（Browne & Cudeck，1993；Jöreskog & Sörbom，1993）	0.07	0.04

注：$\chi 2/df$，卡方自由度值；NNFI，非规准适配指数；CFI，比较适配指数；GFI，良适性适配指标；RMSEA，渐进残差均方和平方根。

表 3－8　　　　路径分析结果

模型的路径	路径系数	t	p – Value	假设
个体多样性→关系冲突	0.29	3.05	<0.01	支持假设 H1
不确定的团队任务→关系冲突	0.39	2.14	<0.01	支持假设 H2
组织文化多样性→关系冲突	0.23	2.23	<0.01	支持假设 H3
不适当的行为→关系冲突	0.37	2.35	<0.01	支持假设 H4

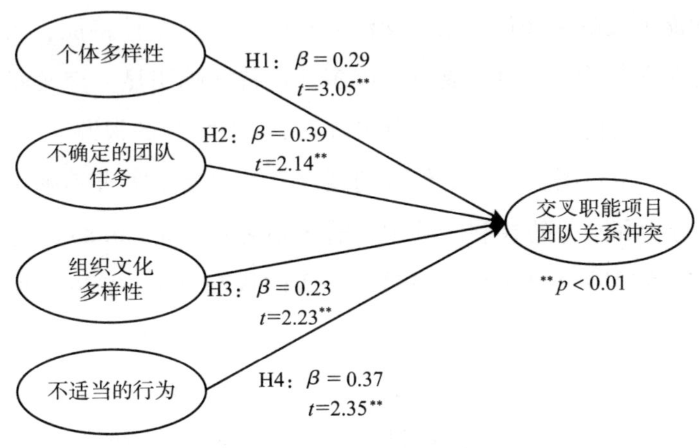

图 3－5　路径系数结果

3.4　结果分析

研究结果显示，四个隐变量（个体多样性、团队任务的不确定、组织文化多样性、不适当的行为）对交叉职能项目团队都有正向的影响。其中，不确定的团队任务的路径系数最大（$\beta=0.39$，$p<0.01$），依次为不适当的行为（$\beta=0.37$，$p<0.01$）、个体多样性（$\beta=0.29$，$p<0.01$）、组织文化多样性（$\beta=0.23$，$p<0.01$）。因此，研究数据支持假设。

结构方程模型对个体多样性的观察变量包括了种族、组织任期、个性特征、兴趣、认知、技巧和能力。其中，技巧和能力（$\lambda=0.82$）有最大的因子载荷，依次为个性特征（$\lambda=0.81$）、组织任期（$\lambda=0.79$）、种族（$\lambda=0.73$）、认知（$\lambda=0.72$）和兴趣（$\lambda=0.70$）。交叉职能项目团队通常也被定义为多样性个体集成团队。团队依靠团队成员的高效沟通和互动完成绩效目标。团队成员认为自己是嵌入政治组织的个体，需要进行经常的跨组织边界关系管理，以适应这种复杂的关系项目团队（Liang et al.，2010；Sundstrom，De Meuse & Futrell，1990）。基于以上论述，个体多样性因素所包含的观察变量大体可以分为三类：（1）种族和组织任期反映了社会分类多样性；（2）技巧和能力反映了知识、信息交流多样性；（3）个性特征、兴趣、认知反映了个人价值多样性。团队成员个体多样性特征越明显，交叉职能项目团队成员间的认知结构差异越大，进而成为关系冲突发生的根源。

结构方程模型对团队不确定任务的观察变量包括了需求不确定、时间紧迫性、风险分担和平等的权利。其中，需求不确定（$\lambda=0.83$）有最大的因子载荷，依次为风险分担（$\lambda=0.78$）、平等的权利（$\lambda=0.76$）和时间紧迫性（$\lambda=0.71$）。以顾客为导向的市场环境，导致任务需求不确定性的增加成为交叉职能项目团队的首要突出问题。团队任务的不确定一般分为任务多样性和任务不稳定两种。交叉职能项目团队要求团队成员间要高度的沟通与合作，以保证项目的成功交付。然而，团队成员间由于不一致的观点和分歧，稳定的合作关系常常被打破。例如，在集成项目设计团队，由于客户需求的变化，设计团队领导者要求设计团队不断变更原有的设计思路和方案。然而，设计团队成员为了保证设计任务在指定的时间、成本下完成项目设计任务，往往不愿接受变动的需求。如果成员间不适当的处理已经发生的任务争端，关系冲突可能发生。

结构方程模型对组织文化多样性的观察变量包括了组织规定、表达规则和工作行为。其中，表达规则（$\lambda=0.90$）有最大的因子载荷，依次为工作行为（$\lambda=0.78$）和组织规定（$\lambda=0.76$）。交叉职能项目团队是一种临时性任务团队，团队成员来自不同的组织功能部门，并具有不同的文化背景。组织文化被定义为组织中影响组织成员行为的价值观或态度（Tsai，2011）。组织文化多样性体现在组织规定、表达或交流规则、工作互动的行为等。表达或交流规则指团队成员在冲突情况中的情绪表达和行为标准。交流规则指团队成员的沟通方式和沟通战略。组织规定是对工作任务过程的规程或规范。在交叉职能项目团队中，每一位团队成员都应适应并遵循新的团队文化。特别是在交叉职能项目团队创建初期，团队成员间的组织文化异质性越大，关系冲突发生的可能性越大，以上因素都可能是关系冲突发生的根源。

结构方程模型对不适当的行为的观察变量包括了断然拒绝、累积的怨愤、挑剔苛刻、沟通的缺乏和辱虐行为。其中，累积的怨愤（$\lambda=0.89$）有最大的因子载荷，依次为挑剔苛刻（$\lambda=0.86$）、缺乏沟通（$\lambda=0.77$）、断然拒绝（$\lambda=0.74$）和辱虐行为（$\lambda=0.72$）。在日常的任务争端过程中，交叉职能项目团队成员不适当的行为可能引发误解、感到挫伤和羞辱、冒犯等。这些情况都可能成为关系冲突发生的根源。正如 SEM 模型结果所示，断然拒绝和挑剔苛刻行为将引发沟通障碍。另外，不好的成员关系、辱虐行为、累积的怨愤等都可能成为关系冲突发生的根源。

3.5 讨　　论

本章研究通过文献回顾和顾问小组讨论确定了交叉职能项目团队关系冲突的四个关键影响因素。随后通过问卷调查和 SEM 模型验证这四个关键影响因素对关系冲突的正向影响。通过对 SEM 模型的测量模型和结构模型的信效度检验、适配度检验和路径分析，证明了四个关键影响因素对交叉职能项目团队关系冲突的影响。提取的关键影响因素可以为未来研究者进一步探索关系冲突发生机理的黑箱提供导向和思路。交叉职能项目团队管理者可以依据提取的关键影响因素，进行团队冲突管理和冲突控制，以保证交叉职能项目团队的顺利实施。根据研究结果，本章提出两个团队构建和团队管理战略，以减少不必要的交叉职能项目团队关系冲突。

交叉职能项目团队构建战略。为了避免和减少不利的交叉职能项目团队关系冲突的发生，在交叉职能项目团队构建初期，团队管理者充分考虑团队的个体多样性特征和团队成员间不适当的行为是必要的。一方面，管理者需要高度重视团队成员的个体多样性因素，并且要特别注重团队成员社会技能的个体多样性因素。关注团队成员社会技能因素的重点是要通过训练和培养，达到运用社会技能解决团队日常问题的能力。另一方面，管理者需要关注团队成员间的互动质量。在项目前期和项目实施过程中，一些团队活动可以促进团队成员间的互动。团队活动形式多种多样，可以是工作结束后的小型聚会，也可以是假期全体成员的大型休闲聚会等。这些都将有效地增进团队成员的互动，促进成员间的信任。在随后的日常团队任务中，团队成员间顺畅的沟通和交流，可以有效避免关系冲突的发生。

交叉职能项目团队关系冲突管理战略。为了避免和减少不利的交叉职能项目团队关系冲突的发生，团队管理者充分考虑不确定的团队任务和组织文化多样性因素是必要的。首先，管理者应该尽可能明确团队中的不确定性因素。例如，管理者应尽早对团队任务进行不确定分析，或者管理者提前将项目目标层层分解，明确各方所应承担的风险和风险分担形式。其次，组织文化多样性因素也应引起管理者的足够重视。管理者要订立明确的团队规章制度以减少工作分歧和由于遵循不同规范导致的重复工作。管理者还要经常组织团队工作例会以促进各方沟通、增强信任。另外，管理者制定一套有效的沟通计划，引导团队成员采用适当的行为方式进行日常的工作交流也是一个行之有效的方法。

3.6 本章小结

本章首先通过文献回顾确定初步的交叉职能项目团队关系冲突影响因素。随后由五名交叉职能项目团队专家组成的顾问小组对初步的影响因素体系进行了试问卷和讨论，形成了包含 4 个方面（个体多样性、不确定的团队任务、组织文化多样性、不适当的行为）18 个因素的最终的交叉职能项目团队关系冲突影响因素。为了进一步验证这 4 个方面 18 个因素对交叉职能项目团队关系冲突的影响，本章通过结构方程模型分别对因素体系进行了信效度检验、模型适配度检验和路径分析。研究结果表明，团队成员的个体多样性、不确定的团队任务、组织文化多样性和团队成员不适当的行为对交叉职能项目团队关系冲突都有正向的影响。最后，基于确定的交叉职能项目团队关系冲突影响因素，分别提出团队构建战略和团队冲突管理战略。确定的交叉职能项目团队的关系冲突影响因素将为研究者进一步探索关系冲突发生机理、管理者采取相应的管理策略提供理论引导。

第4章　交叉职能项目团队关系冲突与项目绩效：政治技能的调节作用

4.1 引　言

为了减弱或消除交叉职能项目团队关系冲突对项目绩效的消极影响，一部分研究者直接探索了关系冲突对项目绩效的内在作用机理。研究者认为当关系冲突发生，冲突的个体背负了一定消极情绪，如气愤、沮丧和焦虑等（Brockman，2014）。消极的情绪对个体行为有功能失调作用（Kiefer，2005；Seo，Bartunek & Barrett，2010）。因为消极情绪的个体将较少精力关注于项目或团队目标，进而影响总体绩效（Frijda，1994）。显然，交叉职能项目团队关系冲突通过消极的情绪对绩效产生了消极影响。库克－戴维斯（Cooke－Davies，2002）也指出，个体在项目活动过程中对项目结果起到重要角色。积极情绪的个体更有利于项目的整体绩效。因此，基于研究者对关系冲突与消极的情绪，消极的情绪与绩效关系的研究，本章试图进一步探索交叉职能项目团队关系冲突是怎样通过消极情绪影响项目或团队绩效的。

还有一部分研究者用权变方法（contingency approach），探索权变因素对“关系冲突—绩效”消极关系的缓和作用（Tepper，Moss & Duffy，2011；Cron et al.，2005；Jiang，Zhang & Tjosvold，2013；Lin et al.，2014）。权变方法指出，关系冲突对项目绩效的直接影响程度，受某些背景因素的影响。例如，黄（Huang，2012）探索了目标导向对关系冲突与绩效关系的调节作用，团队绩效导向的加强将导致关系冲突对绩效的消极影响程度加强。劳和科步（Lau & Cobb，2010）建立了一个概念模型，探索关系冲突是怎样通过信任对绩效产生影响的。以上研究表明，权变方法号召研究者们探索一些调节或中介变量，去解释原有的复杂变量关系，并为管理者依据权变因素进行冲突管理提供指导。从这一视角出发，本部分引入一种个人综合能力因素——政治技能，探索政治技能对交叉职能项目团队关系冲突与项目绩效关系的影响。本部分引入政治技能为调节变量，考虑到交叉职能项目团队是个具有多样性个体的团队，团队政治存在于组织中。团队成员的政治技能有助于成员更好地理解和应对团队中的关系冲突，以实现项目绩效最大化（Mintzberg，1983；Mintzberg，1985）。

综上，本章有两个研究内容：①基于交叉职能项目团队关系冲突与消极情绪、消极情绪与项目绩效关系的研究，进一步探索关系冲突如何通过消极情绪影响项目绩效；②基于权变方法，探索政治技能对关系冲突—项目绩效消极影响的缓和作用。研究框架如图 4－1 所示。

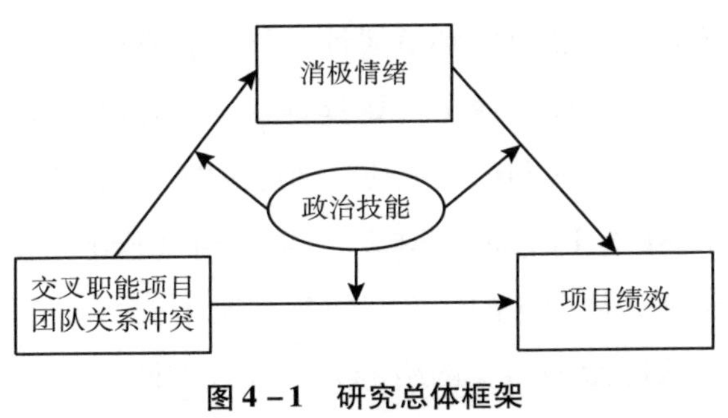

图 4－1 研究总体框架

4.2 文献综述与研究假设

交叉职能项目团队关系冲突指不涉及团队任务的人际摩擦。研究者一般认为关系冲突是发生在彼此依赖和互动的个体间的一个互动过程（Jehn，1995；Barki & Hartwick，2004）。当个体存在较大价值观、认知等的差异时，关系冲突更容易发生。因此，关系冲突包含三方面的因素：个体间彼此依赖，互动，个体多样性但存在观点等认知上的不相容。组织研究者认为，关系冲突对绩效、满意度有消极的影响（De Dreu & Weingart，2003；De Wit，Greer & Jehn，2012）。交叉职能项目团队成员的个体多样性是引发关系冲突的关键因素之一。自我分类理论认为多样性的个体更愿意接受与自己有一致观点或相似偏好的个体。因为他们认为，这样的人同样也愿意认同自己的观点和价值观，进而达到相互认同。具有不同价值观和认知的个体间更容易发生人际间的不相容，进而引发厌恶、反感和关系冲突。当团队成员将精力耗费在无谓的人际冲突时，团队成员对团队或项目绩效的关注减少。从信息过程视角分析，关系冲突阻碍了任务信息的传输过程，进而影响任务绩效。特别是当任务内容较复杂、任务的认知水平要求程度较高时，关系冲突对任务信息传输的阻碍作用更明显（De Dreu & Weingart，2003）。

交叉职能项目团队本质上是个“政治”团体（Mintzberg，1983）。在这个团体中，团队成员具有竞争的利益属性，但团队成员间需要彼此依赖和互动完成团队任务。因此，团队成员需要具备一定的政治技能。政治技能被认为是现代组织成员实现个人和组织成功必不可少的一种综合技能（Mintzberg，1983；Ferris，Perrewé & Douglas，2002）。费里斯（Ferris，2005）认为，政治技能的综合社会能力从个人的认知、情感和行为上都有所体现。政治技能包含个人机敏性、人际影响力、网络能力和外显真诚四个维度（Ferris，Davidson & Perrewé，2005）。交叉职能项目团队是一个复杂的关系项目团队，当关系冲突发生，具有高水平政治技能的个体能够对冲突作出精确的判断，并能够利用个人的社会网络关系和真诚的态度进行良好的沟通，使对方感到放松并认为对方是值得信任的，以减少误解和关系冲突对绩效的不利影响。基于以上论述，本研究提出以下假设：

H1：当团队成员具有高水平的政治技能时，交叉职能项目团队关系冲突对项目绩效的消极影响变弱。

研究者发现，关系冲突被认为是工作团队中的一种普遍、间接的压力源，这种压力源往往引发团队成员的消极负反馈，如敌意、憎恶等。随着这些消极的负反馈的增加，团队成员反映出一定的消极情绪。消极情绪被定义为一种引发消极行为的强大心理因素。索，巴特克和巴瑞特（Seo，Bartunek & Barrett，2010）指出个体的消极情绪通过消极的行为动机来反映，如：防御的态度和降低的工作努力程度，即便团队成员有机会达到更好的绩效结果。

拉夫特里和比策尔（Raftery & Bizer，2009）解释了消极情绪对绩效的不利影响。他们说，在日常的任务过程中，消极、带有压抑情绪的个体会影响随后的任务绩效。蒋，张和乔斯费德（Jiang，Zhang & Tjosvold，2013）建立了多水平分析框架，研究关系冲突对绩效的作用机理。这个研究表明，关系冲突产生消极的情绪，消极的情绪会影响冲突个体的标准认知能力，并影响随后的工作绩效。具有高水平情绪调节能力的个体，可以有效降低关系冲突的不利影响。因此，关系冲突同消极的情绪对绩效产生了消极影响。

本部分将探索政治技能对"交叉职能项目团队关系冲突—消极的情绪—项目绩效"关系的调节作用。即，当团队成员具有高水平政治技能时，这一消极的影响将减弱。具有高水平政治技能的个体具有情绪约束和情绪调节能力。这种情绪调节能力并不是完全否定消极的情绪，而是控制和管理消极情绪的表达。当个体产生消极的情绪，具有高水平政治技能的个体不会对对方用冒犯或带有攻击性的语言与行为（Perrewé et al.，2005），这将避免进一步的冲突方关系的恶化，甚至使双方达到敌对（Meurs，Gallagher & Perrewé，2010）。另外，具有高政治技能的个体将关系冲突看做机会而不是竞争威胁。因为具有政治技能的个体将工作中的冲突看做重要的信息过程而不是针对个体的人际冲突，这样的个体针对冲突暴露的问题快速做出回应，以避免升级为无谓的人际冲突。基于以上论述，本研究提出以下假设：

H2：交叉职能项目团队关系冲突通过消极的情绪影响项目绩效，并且政治技能对这一不直接的消极影响有调节作用。

4.3 研究方法

本书通过问卷调查方法，运用统计软件进行数据分析，进而对假设进行验证。问卷调查方法是一种有效的变量测量工具。通过问卷收集的数据对变量间的相关性进行检验，进而验证假设关系。因此，本部分运用问卷调查方法进行数据收集是合适的。

4.3.1 调节和中介理论

1. 调节变量的理论意义

调节变量所解释的不是关系内部的机制，而是一个关系在不同的条件下是否会有所变化。即调节变量就是“视情况而定”，“因人而异”。调节变量的一个主要作用是为现有的理论划出限制条件和适用范围。我们靠有限的认知能力所建立的理论往往都是有一定局限性的，只是在理论发展的初期很难完全考虑到其所有的限制条件和适用范围，研究调节变量时，我们正是通过研究一组关系在不同条件下的变化及其背后的原因，来丰富我们原有的理论。这里的不同条件就是理论的适用范围和假设，所以调节变量能够帮助我们发展已有的理论，使理论对变量间关系的解释更为精细。

2. 中介变量的理论意义

一般来说，当一个变量能够解释自变量和因变量之间关系时，我们就认为它起到了中介作用。因此，研究中介作用的目的是我们已知某些关系的基础上探索这个关系的内部作用机制。在这个过程中，我们可以实现把原有的关于同一个现象的研究联系在一起，而使得已有的理论更为系统；另外，如果我们把事物之间影响的关系看做一个因果链，那么研究中介变量可以使自变量与因变量间的关系链更为清楚和完善，它可以解释在自变量变化与因变量随之变化中间发生了什么。所以，中介变量在理论上至少有以下两个重要意义，第一是中介变量整合已有的研究或理论，第二是中介变量解释关系背后的作用机制。

3. 用回归方法检验调节作用的具体步骤

（1）用虚拟变量代表类别变量。

如果自变量或调节变量中有一个是类别变量，那么第一步是将类别变量转换为虚拟变量。所需的虚拟变量数量的数目等于类别变量的水平个数减 1。研究者可以根据不同的研究问题选择不同的编码方法。需要注意的是，不同的编码方法会影响最后的结果。例如在一个培训效果的研究中，被试者被随机地分配到三个教学组中的一组（如实践操作组、小组讨论教学组和控制组），这样只需要构造两个虚拟变量，就可以代表所有的类型了。在这个例子中，最简单的编码方法是用虚拟变量 D_1（“实践操作教学组” $D_1=1$ 和“非实践操作教学组” $D_1=0$）和 D_2（“小组讨论教学组” $D_2=1$ 和“非小组讨论教学组” $D_2=0$）。当 D_1 和 D_2 都是 0 时，就代表是“控制组”了。

（2）对类别变量进行中心化或标准化。

用回归方法检验调节变量的一个重要步骤是把自变量和调节变量中的连续变量进行整理。统计学上建议把这些变量进行中心化，即用这个变量中测量的每个数据点减去均值，使得新得到的数据样本均值为 0。这是因为预测变量和调节变量往往与它们的乘积项高度相关。中心化的目的是减少回归方程中变量间多重共线性的问题。另外，也可以对连续变量进行标准化，其基本作用是相同的。

（3）构造乘积项。

构造乘积变量时，只需要把经过编码或中心化（标准化）处理后的自变量和调节变量相乘即可。

$$Y = b_0 + b_1 X + b_2 M + b_3 \overline{X} \times \overline{M}$$（注：$\overline{X}$和$\overline{M}$为中心化后的值）

如果使用了虚拟变量，那么每一个虚拟变量都应该有一个相应的乘积变量（比如，如果用一个虚拟变量表示包含两个水平的一个类别变量，那么就有一个乘积项；如果用两个虚拟变量表示包含三个水平的一个类别变量，那么就有两个乘积项）。

$$Y = b_0 + b_1 X + b_2 D_1 + b_3 D_2 + b_4 \overline{X} \times \overline{D}_1 + b_5 \overline{X} \times \overline{D}_2$$

（注：D_1 和 D_2 皆为虚拟变量。$D_1=1$ 代表是“实践操作教学组”；$D_1=0$ 代表是“非实践操作教学组”；$D_2=1$ 代表是“小组讨论教学组”；$D_2=0$ 代表是“非小组讨论教学组”。）

（4）构造方程。

构造出乘积后，把自变量、因变量（这里是未中心化的自变量和因变量）和乘积项都放到多元层级回归中就可以检验交互作用了。这时我们最关注的是乘积项的系数是否显著。如果显著，就可以说明调节作用存在了。

4. 中介作用的原理

简单地说，凡是 X 影响 Y，并且 X 通过一个中间变量 M 对 Y 产生影响的，M 就是中介变量。中介变量可以用来解释现象，在研究中起着重要角色。中介变量可以分为两类：一类是完全中介（full mediation），另一类是部分中介（partial mediation）。完全中介就是 X 对 Y 的影响完全透过 M，没有 M 的作用，X 就不会影响 Y；部分中介就是 X 对 Y 的影响部分是直接的，部分是透过 M 的。X、Y 和 M 之间的关系可以用路径图 4－2 简单地表示如下。即当 $c=0$ 时，M 是完全中介，当 $c>0$ 时，M 是部分中介变量。

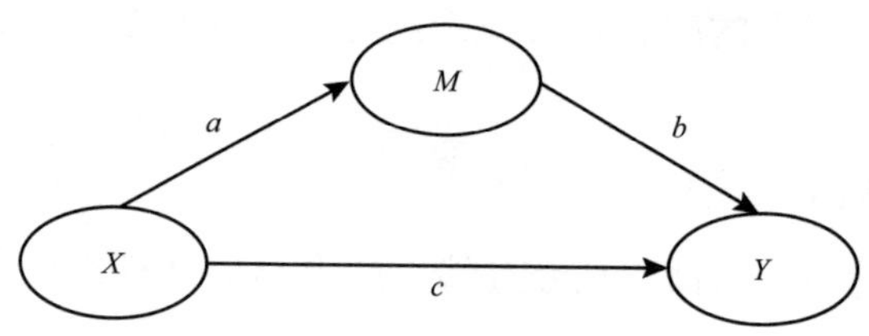

图 4－2　中介作用路径

5. 中介作用的检验和分析

从上面介绍的中介作用的概念中，我们可以看到两个关键：第一，X 和 Y 之间存在因果关系；第二，M 是这个因果关系中间的媒介，M 受到 X 的影响之后，再影响 Y，因此传递了 X 的作用。常用的中间变量检验方法是巴伦和肯尼（Baron & Kenny，1996）的方法。如果仅仅简单从数据关系上来讲是三部曲：第一，自变量影响因变量；第二，自变量影响中介变量；第三，控制中介变量后，自变量对因变量的作用消失了，或者明显地减少了。具体步骤如下：

（1）建立因果关系。

中介作用意味着一个因果链——中介变量由自变量引起，并影响了因变量的变化。在研究中，通过研究设计验证下面两个条件。首先，两个变量 X 与 Y 之间存在因果关系，如果 X 与 Y 之间完全没有关系，接下来的步骤也就不用做了。其次，这种关系不是虚假的相关。如果两个变量之间的相关关系并不是因为它们中的一个影响了另一个，而只是因为它们同时都受到第三个变量的影响，而我们却没有把这个变量放入我们的分析中，我们就称它们是虚假相关。一般只有用严格的实验研究才可能说明两个变量之间是因果关系而不是虚假相关。

（2）检验中介作用。

根据巴伦和肯尼（Baron & Kenny，1996）的回归方法，如果一个变量满足以下条件，我们就说它起到了中介变量的作用：自变量的变化能够显著的解释因变量的变化，如图 4－3 中的 b_1 应显著不等于零；自变量 X 的变化能显著的解释中介变量 M 的变化，如图 4－3 中的 b_2 应显著不等于零；当控制中介变量后，自变量对因变量的影响（b_3）应等于零，或者显著降低（$b_3 \leq b_1$），同时中介变量对因变量的系数（b_4）显著不等于零。这些表明了 X 对 Y 的影响完全是由于 M。在这一过程中，如果 b_3 等于零，M 叫做完全中介变量（full mediation）。如果 b_3 不等于零但小于 b_1，M 就叫做部分中介变量（partial mediation）。如果 b_3 不小于 b_1，M 的中介作用就不存在了。

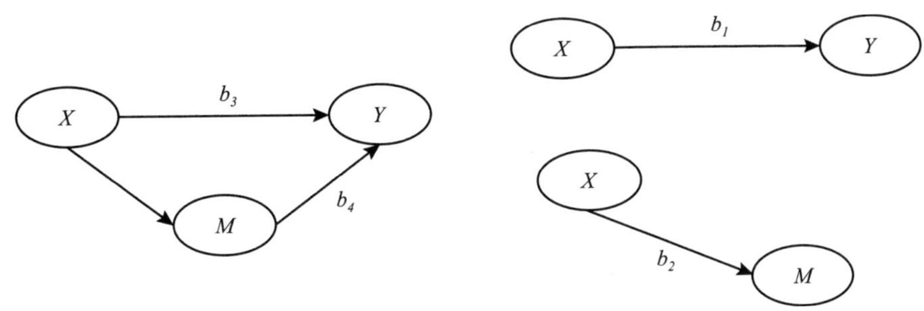

图 4－3　中介作用的检验关系

4.3.2 样本和数据收集

本研究样本数据来自中国的建筑设计院500强的11个设计研究院（公司）。设计院常常建立集成设计项目团队以完成集成项目设计任务，集成项目设计团队是一种典型的交叉职能项目团队形式。研究者首先联系了以上11个设计公司的中层领导者，阐述了本次研究的目的、意义、参与者的收益，并说明了本次研究结果预期对设计公司未来管理的指导意义。最终8家设计公司同意进一步的合作意向。通过与设计公司管理者和人力资源部门的进一步沟通，最终从这8个公司确定了40个集成项目设计团队（交叉职能项目团队）作为本次研究的对象。这8个设计公司及选定的40个交叉职能项目团队基本情况如表4-1所示。

表4-1 样本公司及研究团队基本情况

编号	公司名称	团队数量（个）	平均团队人数（人）	平均团队任期（月）
1	铁道第三勘察设计院	4	10	8
2	北方设计研究院	6	11	4
3	天津市市政工程设计研究院	3	9	6
4	中铁大桥勘测设计院有限公司	5	16	10
5	核工业第四研究设计院	7	13	5
6	河北省交通规划设计院	6	17	5
7	河北省建筑设计研究院	5	10	3
8	江苏省交通科学研究院有限公司	4	8	4

注：团队数量=40。

随后，大量问卷在人力资源部门人员的帮助下，被分发给40个交叉职能项目团队的成员。每一个公司派一名研究助理协助人力资源部门完成问卷的发放和回收工作。为了保证问卷的适用性，被调查人员还应具备以下特征：

(1) 现在正在执行交叉职能项目任务；(2) 在交叉职能项目团队中工作三年以上。问卷采用纸质版形式，填答过程安排在全体成员工作会议后进行。研究助理首先解释本次调查的目的、意义和研究背景，并说明问卷填答要求，最后解释问卷本着自愿原则，所有填答结果均匿名并保密。整个问卷回收工作持续 3 个月，回收问卷 341 份（回收率 69%）。整理所有问卷，剔除不合格问卷（漏选、多选、明显错答）59 份，最终获得 282 份完整问卷。282 份问卷参与者的人口统计学信息，如表 4 – 2 所示。

表 4 – 2　　参与者的人口统计学特征

变量	分类	人数	%
性别	男	164	58.2
	女	118	41.8
年龄	20 ~ 29	67	23.8
	30 ~ 39	95	33.7
	40 ~ 49	89	31.6
	50 ~ 59	26	9.2
	>60	5	1.7
团队任期	3 ~ 5 年	61	21.6
	6 ~ 10 年	43	15.2
	11 ~ 15 年	37	13.1
	16 ~ 20 年	46	16.3
	21 ~ 25 年	44	15.6
	>25 年	51	18.2
教育水平	专科	45	15.8
	本科	97	34.3
	研究生以上	140	49.9

注：有效问卷数量 = 282。

本书用了阿姆斯特朗和奥费屯（Armstrong & Overton，1977）的时间趋势过程，验证无应答偏差。研究者对比早期和晚期的应答者的问卷，发现没有显著差异（$p > 0.05$）。随后，研究者用了林德尔和惠特尼（Lindell & Whitney，2001）的马尔科夫变量技术检验可能存在的共同方法偏差。结果显示研究数据集不受共同方法偏差的影响。

4.3.3 变量测量

关系冲突：采用耶恩（Jehn，1995）的冲突量表（Jehn，1995），共 4 个题项。耶恩的冲突量表在国内得到多次验证（郎淳刚、席酉民和郭士伊，2007；王国锋、李懋和井润田，2007）。该量表采用里克特 5 点计分，1 表示“完全不同意”，5 表示“完全同意”。代表题项有“团队成员间常常发生关系冲突”。关系冲突量表的克伦巴哈 α 系数为 0.83。

消极情绪：测量反应者消极的情绪基于范日新和范荣真（Van Woerkom & Van Engen，2000），拉扎勒斯（Lazarus，1991）和帕金森（Parkinson，1995）的 5 个题项。题项包括了团队成员在工作中可能发生的五种消极情绪，如生气、焦虑、厌恶、畏惧、狂怒。反应者要求指出在工作中发生题项所列出的消极情绪的程度。以上情绪采用里克特 5 点计分，1 表示“完全不同意”，5 表示“完全同意”。消极情绪量表的克伦巴哈 α 系数为 0.86。

项目绩效：通常测量项目绩效的三个绩效指标为成本、工期和质量。因此本研究测量项目绩效将基于基西和丹提（Kissi & Dainty，2013），赖西、根密和萨奥尔（Reich，Gemino & Sauer，2014），杨、陈和王（Yang，Chen & Wang，2014）的 6 个题项。反应者要求根据自己的认知判断所在项目多大程度上达到或即将达到题项所列项目绩效。以上项目绩效采用里克特 5 点计分，1 表示“完全不同意”，5 表示“完全同意”。项目绩效量表的克伦巴哈 α 系数为 0.93。

政治技能：用了维格达 - 加多和梅思乐（Vigoda - Gadot & Meisler，2010）对费里斯、戴维森和普若维（Ferris，Davidson & Perrewé，2005）测量题项的精简版本。精简的政治技能测量题项包括 8 个题项：2 个题项测量个人机敏性（如：我有良好的直觉，并知道怎样把自己表现给别人）；2 个题项测量人际影响力（如：我本能地知道该如何说、如何做，以达到影响他人的目的）；2 个题项测量网络能力（如：我花很多时间和精力与其他人建立联系）；2 个题项测量外显真诚（如：当与别人交流时，我尽可能显得真诚）。反应者要求对自己的政治技能作出评价。以上政治技能采用里克特 5 点计分，1 表示"完全不同意"，5 表示"完全同意"。政治技能量表的克伦巴哈 α 系数为 0.92。

控制变量，本研究中团队成员任期和性别作为控制变量。在冲突研究中，团队成员任期通常作为控制变量［例如，Amason & Sapienza（1997）；Jehn（1995）；Mooney，Holahan & Amason（2007）］，并体现为连续变量的形式。另外，男性编码为 0，女性编码为 1。

4.3.4 研究模型

基于穆勒、贾德和雅折耶（Muller，Judd & Yzerbyt，2005）的研究，本研究建立以下研究框架并进行假设检验。

H1：项目绩效 $=\beta_{10}+\beta_{11}$团队成员任期 $+\beta_{12}$性别 $+\beta_{13}$关系冲突 $+\beta_{14}$政治技能 $+\beta_{15}$关系冲突 × 政治技能

H2：消极情绪 $=\beta_{20}+\beta_{21}$团队成员任期 $+\beta_{22}$性别 $+\beta_{23}$关系冲突 $+\beta_{24}$政治技能 $+\beta_{25}$关系冲突 × 政治技能

H3：项目绩效 $=\beta_{30}+\beta_{31}$团队成员任期 $+\beta_{32}$性别 $+\beta_{33}$关系冲突 $+\beta_{34}$政治技能 $+\beta_{35}$关系冲突 × 政治技能 $+\beta_{36}$消极情绪 $+\beta_{37}$消极情绪 × 政治技能

假设 1（调节作用）指出，关系冲突对项目绩效的影响依赖于政治技能，即 $\beta_{15}>0$，假设成立；假设 2（中介的调节作用）指出，关系冲突对消极情绪的影响不仅依赖于政治技能（$\beta_{25}<0$），同时消极的情绪对绩效的影响系数（β_{36}）应该小于 0；或者消极的情绪对绩效的影响依赖于政治技能（$\beta_{37}>0$）的同时，关系冲突对消极情绪的影响系数（β_{23}）应该大于 0。也就是说，如果中介的调节作用存在，一条或两条从关系冲突到项目绩效的不直接路径至少有一条有调节作用。

4.3.5 信效度检验

验证性因子分析用于量表的信效度检验。首先，按照福内尔和拉克尔（Fornell & Larcker，1981）的方法计算量表的组合信度（composite reliability），所有组合信度超过 0.7（Bagozzi，Yi & Phillips，1991）；其次，检验了量表的平均方差攫取值 AVE 价值（0.59 到 0.67），所有 AVE 值均达到可接受水平（Bagozzi，Yi & Phillips，1991）。另外，AVE 的平方根价值均大于任意两变量间的相关系数（见表 4-4 对角线加粗值），因此，量表的区别效度是可行的。研究进一步做了关系冲突、消极情绪、项目绩效和政治技能的四个变量的验证性因子分析，四因素模型的适配性数据显示模型适配性良好，χ^2/df（卡方自由度值）=1.51，CFI（比较适配指数）=0.95，NNFI（非规准适配指数）=0.93，RMSEA（渐进残差均方和平方根）=0.036。表 4-3 部分列出了所有题项的因素载荷超过了建议的水平 0.7（Fornell & Larcker，1981），证明了量表的收敛效度。同时表 4-3 还部分列出了量表的组合信度和 AVE 价值。

4.4 结果分析

4.4.1 描述性统计与相关分析

表 4-4 是所有变量的均值、标准差及相关系数矩阵。表 4-4 的结果表明关系冲突与消极情绪有正相关关系（$r=0.38$，$p<0.01$）；关系冲突与项目

绩效有负相关关系（$r = -0.29$，$p < 0.01$）。消极情绪与项目绩效有负相关关系（$r = -0.33$，$p < 0.05$），这与之前的研究是一致的。另外，控制变量与其他变量没有显著相关关系；政治技能作为调节变量，对关系冲突、消极情绪、项目绩效没有显著的相关关系。

表 4 - 3　　信效度检验结果

题项	因子载荷	AVE	CR
关系冲突：		0.67	0.89
①团队成员间有很多摩擦	0.87		
②团队成员之间的性格冲突很明显	0.74		
③团队成员之间关系很紧张	0.81		
④团队成员间情绪冲突频繁	0.84		
消极情绪：		0.59	0.87
①生气	0.75		
②焦虑	0.73		
③厌恶	0.88		
④畏惧	0.70		
⑤狂怒	0.76		
项目绩效：		0.64	0.91
①项目完成在预算成本内	0.78		
②项目按时完成	0.80		
③项目满足质量规范要求	0.72		
④项目达到业主要求满意	0.81		
⑤项目满足用户需求	0.88		
⑥项目满足其他利益相关方满意	0.80		
政治技能：		0.64	0.94
①我花很多时间和精力与其他人建立联系	0.87		
②我结识很多重要人物并保持与他们不间断的联系	0.73		
③对于我来说，让人觉得我的所做所为很真诚是很重要的	0.79		
④当与别人交流时，我尽可能显得真诚	0.81		
⑤我本能地知道该如何说、如何做，以达到影响他人的目的	0.87		

续表

题项	因子载荷	AVE	CR
⑥我有良好的直觉，并知道怎样把自己表现给别人	0.79		
⑦与大多数人建立友善关系，对我来说很容易	0.75		
⑧我能让周围的人感到轻松和愉快	0.80		

注：AVE = Average Variance Extracted（平均方差攫取）；
CR = Composite Reliability（组合信度）。

表4-4　　　　变量的均值、标准差及相关系数

	均值	标准差	1	2	3	4	5	6
性别	—	—						
团队成员任期	10.17	5.57	0.03					
关系冲突	3.14	0.50	0.01	0.09	**0.82**			
消极情绪	3.26	0.36	0.02	0.14	0.38**	**0.77**		
项目绩效	3.44	0.15	0.04	0.02	-0.29**	-0.33*	**0.80**	
政治技能	3.42	0.35	0.03	0.17	0.22	0.15	0.19	**0.80**

注：参与者总人数282，$*p<0.05$，$**p<0.01$。

4.4.2 假设检验

本部分研究依据穆勒，贾德和雅折耶（Muller，Judd & Yzerbyt，2005）的调节回归分析方法进行假设检验。为了避免多重共线性问题，在回归分析前，各变量均进行了中心化处理。另外，为了验证政治技能的调节作用，本部分研究用艾肯和韦斯特（Aiken & West，1991）的方法，分别取高于和低于均值的标准差作为政治技能的取值。同时，研究还用方差膨胀因子（variance inflation factor，VIF）检验了模型的共线性问题，检验结果显示VIF值小于3，远低于标准值（VIF<10）。因此，研究模型不存在共线性问题（Mason & Perreault，1991；Hair et al.，1995）。

表4-5显示，模型1中的交叉职能项目团队关系冲突对项目绩效相关系数显著（$\beta_{13}=-0.35$，$p<0.01$），即关系冲突与项目绩效具有正向相关关

系。模型 1 同时显示，关系冲突与政治技能的交互作用项系数显著（$\beta_{15} = 0.23$，$p < 0.01$），即政治技能对关系冲突与项目绩效的负相关关系有显著的调节作用，当团队成员具有高水平政治技能时关系冲突对项目绩效的负相关关系减弱。假设 1 得到验证。另有研究指出，仅仅检验模型系数大小和显著性还不足以验证模型的调节关系。因此，本部分进一步根据艾肯和韦斯特（Aiken & West，1991）过程检验交互作用项，检验调节变量在高（标准差高于均值）、低（标准差低于均值）两个水平下，自变量对因变量回归系数的显著性变动情况。结果显示，团队成员高水平政治技能显著影响关系冲突对项目绩效的消极作用（$\beta = 0.35$，$p < 0.01$）。然而，低水平政治技能对二者消极关系的影响不显著（$\beta = 0.06$，$p > 0.01$）。总之，通过斜率分析表明团队成员的高水平政治技能减弱关系冲突对项目绩效的消极影响。

模型 2 和模型 3 需要检验中介的调节作用。模型 2 表明关系冲突和交互作用项（关系冲突 × 政治技能）是显著的（$\beta_{23} = 0.42$，$p < 0.01$；$\beta_{25} = -0.13$，$p < 0.05$）。模型 3 表明消极情绪和交互作用项（消极情绪 × 政治技能）是显著的（$\beta_{36} = -0.31$，$p < 0.05$；$\beta_{37} = 0.21$，$p < 0.01$）；另外，交互作用项（关系冲突 × 政治技能）是不显著的（$\beta_{35} = -0.05$，$p > 0.05$）。这一结果表明，在模型 3 中政治技能的调节效应对关系冲突—项目绩效关系消失了。总之，β_{25}到β_{35}的绝对值缩小了，关系冲突对消极情绪的影响依赖于政治技能（$\beta_{25} < 0$），消极情绪对项目绩效的影响系数小于 0（$\beta_{36} < 0$）；消极情绪对项目绩效的影响依赖于政治技能（$\beta_{37} > 0$），关系冲突对消极情绪的影响程度大于 0（$\beta_{23} > 0$）。根据穆勒，贾德和雅折耶（Muller，Judd & Yzerbyt，2005）的研究，这一结果验证了假设 2。即，交叉职能项目团队关系冲突通过消极的情绪影响团队任务绩效，并且政治技能对这一不直接的消极影响有调节作用。

表 4-5　中介的调节作用回归检验

自变量	消极情绪		项目绩效			
	模型 2		模型 1		模型 3	
	β	T	β	T	β	T
常数项	0.11	1.89	-0.05	-1.01	-0.02	-1.12
团队成员任期	0.05	1.37	-0.03	-1.28	0.17	1.88
性别	0.02	1.42	0.01	1.03	-0.06	-1.79
关系冲突	0.42 (β_{23})	3.01**	-0.35 (β_{13})	-3.23**	0.04 (β_{33})	1.01
政治技能	0.04 (β_{24})	1.29	0.09 (β_{14})	2.13	0.07 (β_{34})	1.82
关系冲突×政治技能	-0.13 (β_{25})	-1.87*	0.23 (β_{15})	2.67**	-0.05 (β_{35})	-1.01
消极情绪					-0.31 (β_{36})	-3.10*
消极情绪×政治技能					0.21 (β_{37})	2.77**
R^2	0.57		0.18		0.23	
ΔR^2	0.03**		0.02*		0.06**	

注：参与者总人数 282，$*p<0.05$，$**p<0.01$。

4.5 讨　论

本部分探索了交叉职能项目团队关系冲突通过消极情绪对项目绩效的影响。首先，研究验证了政治技能对交叉职能项目团队关系冲突—项目绩效关系的调节作用。当团队成员具有高水平政治技能时，交叉职能项目团队关系冲突对项目绩效的消极作用减弱。其次，研究验证了政治技能对“交叉职能项目团队关系冲突—消极情绪—项目绩效”这个不直接中介关系的调节作用。当团队成员具有高水平政治技能时，关系冲突通过消极情绪对项目绩效的消极作用减弱。研究数据均支持了以上假设关系。

研究结果具有理论和实践意义。首先，过去的理论研究较少关注于交叉职能项目团队关系冲突对项目绩效的影响。尽管在中国传统文化背景下，团队成员尽量避免冲突，本研究表明交叉职能项目团队中的关系冲突仍然是个重要问题。研究用定量研究方法探索了关系冲突如何通过消极情绪影响项目绩效。基于本部分研究结果表明，当交叉职能项目团队成员趋于抑制消极情绪时，由消极情绪导致的不利的项目绩效得到控制。其次，本研究发现尽管交叉职能项目团队关系冲突和消极的情绪对项目绩效都有消极的影响，但是当团队成员具有高水平政治技能时，这种消极的影响将减弱。政治技能是当前组织生活里不可缺少的一种个人能力。因此，研究表明人的因素在交叉职能项目团队冲突解决中扮演着重要角色。研究还响应了费里斯，普若维和道格拉斯（Ferris，Perrewé & Douglas，2002）的呼吁，进一步探索了政治技能在各种组织环境下的运用。

本研究对交叉职能项目团队关系冲突管理还有一定的实践意义。项目绩效是项目成功的重要指标，本研究重点指出了关系冲突对项目绩效的消极影响。然而，政治技能作为人的一种综合技能缓和了交叉职能项目团队关系冲突对项目绩效的消极作用。从冲突管理的视角分析，吸收并培养高水平政治技能的团队成员是一种有效的冲突管理战略。一方面，在交叉职能项目团队创建初期，管理者应该吸收具有高政治技能的个体。事实上，政治技能一定程度上被定义为人的本质特征。管理者可以利用政治技能测量表作为团队成员是否具有高水平政治技能的选择依据。选择过程可以对团队成员候选人的政治技能进行评估。另一方面，项目管理者需要花费一定时间和资源进一步培养团队成员的政治技能。费里斯等（Ferris et al.，2007）指出，虽然政治技能属于人的本质特征，但是通过专业的培养和社会化训练是可以被开发和形成的。费里斯列出很多训练形式和提高团队成员政治技能的方法，比如演讲训练、情景训练、行为模拟、影音演示与角色扮演等。与在团队初期选择高水平政治技能的个体相比，后期对团队成员政治技能的培养，企业需要花费更多的成本。总之，当团队成员具有高水平政治技能时，团队将获益匪浅。

4.6 本章小结

本章建立了一个中介的调节模型验证了交叉职能项目团队关系冲突通过消极情绪对项目绩效的影响。另外，研究还验证了政治技能对这一不直接关系的调节作用，当团队成员具有高水平政治技能时，关系冲突对项目绩效的消极关系减弱。通过对 40 个交叉职能项目团队的 282 个团队成员的问卷调查，验证了中介的调节模型。即政治技能不仅对关系冲突—项目绩效关系有调节作用，同时对关系冲突—消极情绪—项目绩效的不直接关系有调节作用。研究指出，交叉职能项目团队管理者应该注重高水平政治技能的团队成员的选拔和培养。

第5章 交叉职能项目团队关系冲突与项目绩效：跨层次研究

5.1 引　　言

上一章通过一个调节的中介模型验证了交叉职能项目团队关系冲突对项目绩效的消极影响。研究结果表明，交叉职能项目团队关系冲突通过消极情绪影响项目绩效，当团队成员具有高水平政治技能时，关系冲突对项目绩效的消极影响减弱。以上研究通过一个调节的中介模型验证了关系冲突对项目绩效的作用机理，即验证了消极情绪的中介作用和政治技能的调节作用。本章将基于以上模型，从多层次视角进一步探讨交叉职能项目团队关系冲突对项目绩效的作用机理。

多层次理论（multilevel theory）是 Rousseau 提出的多层次的研究观点（Rousseau，1985）。该理论研究了宏观和微观层面变量交互作用的新范式，并为我们深层探索“团队—个体”绩效关系奠定了研究基础。交叉职能项目团队是一个由若干个体组成的临时性项目团队。现有交叉职能项目团队的关系冲突研究主要基于两类：一是团队层面的关系冲突研究，二是个体层面的关系冲突研究。这些研究从不同层面探索关系冲突对项目绩效或团队成员满意度、离职倾向、情感依附或个体绩效的影响。然而，随着交叉职能项目团队形式的不断拓展和团队结构的日益复杂化，团队内冲突形式的跨层次、交互作用趋势成为必然。从本质上讲，交叉职能项目团队关系冲突是多层次现象，团队成员个体构成并嵌套于团队整体中。随着个体间关系冲突的不断增加，使团队形成不和谐的、冲突的氛围，进而影响团队合作和项目团队整体绩效。为进一步验证交叉职能项目团队关系冲突的多层次构思和验证交叉职能项目团队关系冲突对项目绩效的跨层次作用机理，有必要对交叉职能项目团队关系冲突进行跨层次研究。

本部分将基于上一章的交叉职能项目团队关系冲突与项目绩效模型，从个体和团队两个层次出发，探讨交叉职能项目团队关系冲突对项目绩效的作用机理，并用多层线性模型（HLM）分析技术，对理论模型进行多层次数据检验。研究框架如图 5 -1 所示。

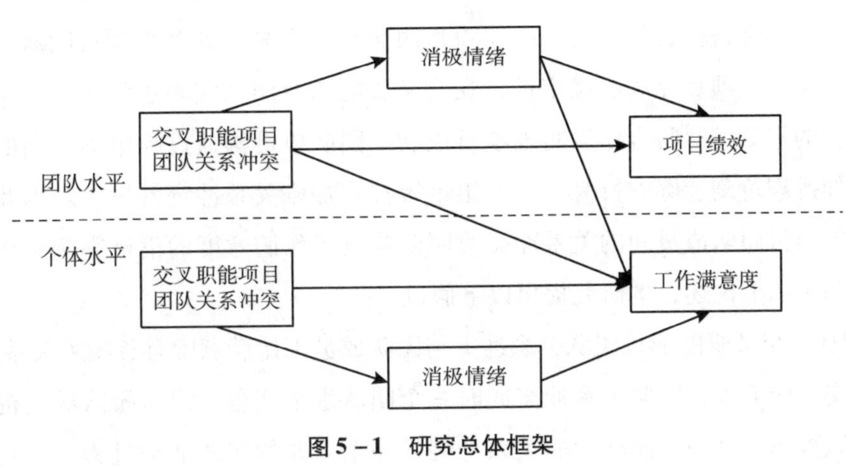

图 5 -1　研究总体框架

5.2　文献综述与研究假设

从组织理论出发，团队中的关系冲突本质上是一个多层次现象。因为关系冲突不仅发生于团队成员间、团队领导者与下属间，也发生于团队成员与团队间，甚至发生于多个团队间。理论上，界定关系冲突的研究层次是困难的，因为需要根据关系冲突发生于团队间还是团队内部的团队成员间来界定研究层次。

大量组织行为研究者从个体层次对关系冲突进行了分析（Li，Zhou & Leung，2011；Xin，Chi & Yu，2009）。特别是在个体水平分析中，研究者对交叉职能项目团队关系冲突与团队成员工作满意度进行了探索。团队成员工作满意度被认为是各类组织追求的组织目标之一。团队成员工作满意度指团队成员在工作团队中感受到的愉快程度，包括与团队成员合作感到很愉快和愿意继续留在团队工作的意向。然而，团队成员的关系冲突引发团队成员间关系紧张、憎恶情绪等人际的不相容，使得团队成员逐渐开始排斥团队活动，进而影响团队成员的工作满意度。团队成员间关系冲突对团队成员工作满意度的消极影响已经在现有研究得到证实（Li，Zhou & Leung，2011；Xin，Chi & Yu，2009）。交叉职能项目团队成员的个体多样性特征和交叉职能项目的临时性、唯一性特征，使得交叉职能项目团队是一个复杂的关系项目团队。另外，交叉职能项目充满不确定性，在交叉职能项目团队实施过程中，需要团队成员的不断沟通与合作以实现项目成功。团队成员沟通过程中不适当的行为，如挑剔苛刻、辱虐行为、断然拒绝等都将加剧关系冲突的发生。因此交叉职能项目团队成员间的关系冲突对团队成员工作满意度的消极影响将更显著。基于以上论述，本研究提出以下假设：

H1：交叉职能项目团队关系冲突与团队成员工作满意度有负相关关系。

交叉职能项目团队关系冲突同时是个团队水平变量。因为团队成员构成了团队整体。其中，团队中的关系冲突是一个重要的团队活动过程，只要团队中的团队成员存在互动和相互依赖特征，团队中的关系冲突不可避免。德勒和威因加特（De Dreu & Weingart，2003）的元分析已经证实，在一般团队中的关系冲突对团队绩效有消极的影响（De Dreu & Weingart，2003）。因为团队关系冲突限制了团队的信息交流过程，团队中的团队成员将时间、精力浪费在无谓的人际斗争中，即团队成员关注于彼此关系互动过程而忽视团队整体绩效。因此，团队关系冲突对团队绩效有消极影响。然而，研究者指出交叉职能项目团队关系冲突对项目绩效的消极影响比一般团队更大。交叉职能项目的成功实施需要团队成员间更高的合作水平，而项目过程充满更多的任务和信息不确定，交叉职能项目团队成员间达到高水平的互动和合作比一般团队更加困难。因此，交叉职能项目团队比一般团队在团队活动中更可能引发关系冲突，甚至需要花费更多时间和精力解决矛盾和争端事件。基于以上论述，本研究提出以下假设：

H2：交叉职能项目团队关系冲突与项目绩效有负相关关系。

基于假设 1 和假设 2，本研究提出交叉职能项目团队关系冲突对个体工作满意度有跨层次的影响。即，个体工作满意度不仅受个体关系冲突的影响，而且受整个团队关系氛围的影响。交叉职能项目团队成员关系冲突不可避免，团队中任意互动和相互依赖的双方都可能发生关系冲突。团队成员间各种形式的关系冲突阻碍整个团队良好的沟通与合作氛围。团队成员在这样的团队氛围中感到紧张、焦虑与压力。团队成员在工作中是不愉快的，甚至产生离职倾向。基于以上论述，本研究提出以下假设：

H3：交叉职能项目团队关系冲突与团队成员工作满意度间有跨层次负相关关系。

组织研究中，消极情绪被认为是关系冲突与结果变量关系中重要的中介变量。研究者们认为团队成员间的关系冲突引发各种消极情绪，如：生气、焦虑、憎恶等（Behrendt & Ben – Ari，2012；Lavoie et al.，2001）。这些消极情绪影响团队成员随后的冲突反应行为，如：懈怠、工作努力程度下降，甚至对抗等情感反应。长此以往，团队成员对团队工作失去动力与积极性，工作满意度下降，甚至产生离职倾向。因此，消极情绪被定义为一种具有消极目标行为导向作用的心理驱动力（Brown，Cron & Slocum，1997；Mulki et al.，2015）。交叉职能项目团队是一种由不同职能部门、不同技能人员组成的临时性任务团队。交叉职能项目团队成员关系冲突对团队成员工作满意度有消极影响，其中消极情绪是这一消极作用的中介者。基于以上研究，本研究提出交叉职能项目团队成员消极情绪对交叉职能项目团队关系冲突与团队成员工作满意度有中介作用。基于以上论述，本研究提出以下假设：

H4：交叉职能项目团队成员的消极情绪对团队成员关系冲突和工作满意度具有中介作用。

从团队层次出发，交叉职能项目团队成员的消极情绪将在团队中形成整体的消极效应。索，巴特克和巴瑞特（Seo，Bartunek & Barrett，2010）指出，个体的消极情绪通过消极的行为动机体现，如对抗的态度、懈怠的工作努力程度。当这种消极的情绪在团队成员中蔓延，必然影响整个项目团队绩效。另外，信息过程理论也指出，团队成员关系冲突引发的消极情绪阻碍了信息传递过程。蒋，张和乔斯费德（Jiang，Zhang & Tjosvold，2013）用多层次分析模型探索了团队关系冲突对项目绩效的影响机制。研究认为，关系冲突引发消极情绪，消极情绪影响了团队成员的标准认知能力，进而削弱了团队成员整体以项目绩效导向的认知强度。基于以上论述，本研究提出以下假设：

H5：团队层次的消极情绪对交叉职能项目团队关系冲突和项目绩效具有中介作用。

基于假设3和假设4，本研究提出，团队层次下的消极情绪对交叉职能项目团队关系冲突和团队成员的工作满意度具有跨层次中介作用。交叉职能项目的成功要求团队成员高度沟通与互动，团队成员间的关系冲突成为团队活动中的重要一部分。不同个体间的交叉职能项目团队成员间的关系冲突在团队中形成，阻碍了团队整体合作目标和项目的成功实施。团队关系冲突氛围，使得团队成员个体感受到合作的压力，进而产生消极、懈怠、沮丧、排斥等消极情绪，使得团队成员在团队中感到工作的不愉快，甚至离职倾向等消极的情感反应。基于以上论述，本研究提出以下假设：

H6：团队层次的消极情绪对交叉职能项目团队成员关系冲突和工作满意度具有跨层次的中介作用。

基于以上6个假设，交叉职能项目团队关系冲突的多水平中介模型如图5－2所示。

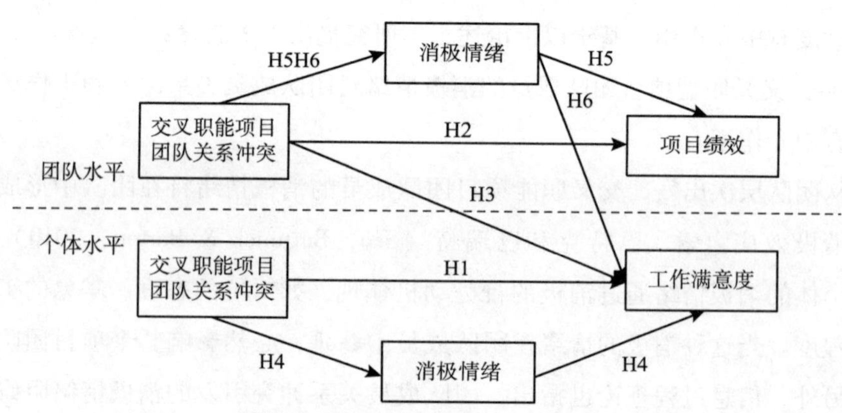

图5－2　交叉职能项目团队关系冲突的多水平中介模型

5.3 研究方法

5.3.1 多层次理论介绍

1. 多层次理论的理论意义

组织是一个多层次的、层层相扣的复杂系统。比如个人存在于团队之中，团队存在于部门之中，部门存在于公司之中，公司存在于产业之中，产业存在于一定的文化之中。个人、团队、公司、产业及文化特征在这多重的层次中相互影响，以创造产出。因此，研究者必须视组织为一个整合的系统。然而传统的组织研究已经将组织切割成个人、群体与组织层次。研究不是倾向于强调宏观的观点就是微观的观点。微观的观点主要源自心理学，着眼于个人心理与行为的差异；而宏观的观点主要源自社会学，强调集体共同的心理与行为反应。正如组织研究者多年来所意识到的，只采用宏观的观点或只采用微观的观点无法精确、全面的解释组织行为。宏观的观点不重视个人之间的差异，且忽略个人的人格、情感、行为及互动可能提高到更高层次的现象的过程；反之，微观的观点不重视个人所处的情境，可能忽略该情境对个人的影响。因此，近年来多层次理论逐渐发展成熟，确定组织既是宏观又是微观的观点，而且在综合方法上应该考虑两种情形：一是群体、组织及其他情境因素如何由上而下影响个人层次的结果变量；二是个人知觉、态度及行为由下而上以形成群体、单位与组织的现象。

2. 多层次模型的分析策略

随着方法论的发展，有许多可行的多层次分析技术，包括协方差分析、使用普通最小二乘回归的情境分析、组内与组间分析、使用 HLM 分析多层次随即系数模型，以及多层次共变结构分析。下面主要介绍数据聚合与 HLM 的跨层次模型方法。

在组织研究中一个变量在某些理论模型中是个人层次构念，在有些模型中是单位层次构念，研究者必须明确研究构念在那个理论层次上。个人层次的构念是以个人层次来衡量，其操作比较直观简单。对单位层次的构念就需要将简单的个体层次构念进行聚合。在聚合个人构念（个人回答）到单位层次之前，研究者必须确认聚合是有理论和实证支持的。布鲁斯勒（Bliese，2000）介绍了有关聚合的相关指标，即组内一致性（within-group agreement）、组内相关（1）或 ICC（1）和组内相关（2）或 ICC（2）。

①组内一致性。

组内一致性是指回答者（相同单位的个体成员）对构念有相同反应的程度。在组织文献中最常用来衡量组内一致性的有适用单一问项量表的 $r_{wg(1)}$ 或适用多问项量表的 $r_{wg(j)}$。

詹姆斯，德玛瑞和沃尔夫（James，Demaree & Wolf，1984）对组内一致性的衡量是使用观察到的群体方差与期望的随机方差相比较。单一问项量表的公式如下：

$$r_{wg(1)} = 1 - \left(\frac{s_x^2}{\sigma_{EU}^2}\right)$$

上式公式中，$r_{wg(1)}$ 是指群体中 k 个回答者对但一问项 X 的组内一致性，s_x^2 是指观察到的 X 方差，而 σ_{EU}^2 是假设所有回答者只存在随机测量误差下所期望的 X 方差。多问项量表的公式如下：

$$r_{wg(j)} = \frac{J\left[1 - \frac{\bar{s}_{xj}^2}{\sigma_{EU}^2}\right]}{J\left[1 - \frac{\bar{s}_{xj}^2}{\sigma_{EU}^2}\right] + \left(\frac{\bar{s}_{xj}^2}{\sigma_{EU}^2}\right)}$$

上述公式中，$r_{wg(1)}$ 是指在 J 个平行的问项上所有回答者的组内一致性，$\bar{s}_{xj}^2$ 是指在 J 个问项上所观察到的方差的平均数，而 σ_{EU}^2 是指假设所有回答者只存在随机测量误差下所期望的方差。在组织文献中，假若 r_{wg} 值大于 0.7，表示聚合有足够的同意度。

②组内相关（1）或 ICC（1）。

除了要验证个别回答具有充分的组内一致性外，研究者必须在聚合个别回答到群体层次之前，先检测是否有足够的组间差异，组间方差的存在是检测群体层次构念与其他构念之间关系的要素。詹姆斯，德玛瑞和沃尔夫（James，Demaree & Wolf，1984）回顾了组织研究，并发现 ICC（1）的范围在 0 ~ 0.5 之间，而中位数为 0.12。在实务中，研究者可以检测组间方差是否达到显著，但不一定要以 0.12 作为是否可以聚合的判断标准。

$$\text{ICC}(1) = \frac{\text{组间方差}}{\text{组间方差} + \text{组内方差}}$$

③组内相关（2）或 ICC（2）。

ICC（2）是指群体平均数的信度（reliability），即个人层次变量聚合成群体层次变量时，此变量的信度。ICC（2）最好要达到 0.7，但在组织研究中，尤其是小群体的研究，通常无法有很大的群体大小，因此在多层次组织研究中，ICC（2）通常小于 0.7。

3. HLM 的介绍

在使用 HLM 时，自变量可以是较低层次的构念（如：个人层次，可称为 Level - 1 变量），或是较高层次的构念（如：群体层次，可称为 Level - 2 变量），这些变量之间的关系可由以下模型求得：

$$\text{Level}-1\ \text{Model}: Y_{ij} = \beta_{0j} + \beta_{1j}X_{ij} + r_{ij}$$

$$\text{Level}-2\ \text{Model}: \beta_{0j} = \gamma_{00} + \gamma_{01}G_j + U_{0j}$$

$$\beta_{1j} = \gamma_{10} + \gamma_{11}G_j + U_{1j}$$

Y_{ij}是指个人 i 在 j 群体中的结果变量，X_{ij}是个人 i 在 j 群体中的预测因子之值，β_{0j}与 β_{1j}则是每个 j 群体分别被估计出的截距与斜率，r_{ij}为残差项。G_j 是指群体层次的变量，γ_{00}与 γ_{10} 为 Level - 2 截距项，γ_{01} 与 γ_{11} 则是连接 G_j 与 Level - 1 公式中的截距项与斜率项的斜率，U_{0j}与 U_{1j}为 Level - 2 的残差项。因

此，在 Level - 1 Model 中，可检验出 Level - 1 变量和 Level - 1 变量间的关系，而在 Level - 2 Model 中，可检验出 Level - 2 变量和 Level - 1 变量间的关系，以及 Level - 2 变量如何调节两个 Level - 1 变量间的关系。

5.3.2 样本和数据收集

本研究样本数据来自中国 500 强企业之一的冀中能源集团下属 6 个子公司的 38 个新产品开发团队。冀中能源集团是一个集煤炭、制药、化工、电力、装备制造、现代物流等多产业于一体的综合发展的特大型现代企业集团。为了适应激烈的市场竞争，冀中能源旗下各个产业争相进行产品研发和技术创新。于是，各企业或组织抽调企业各部门精英和技术骨干组建新产品开发团队以满足企业不断对创新产品的需求。因此新产品开发团队是一种典型的交叉职能项目团队。研究者首先联系以上 6 个行业子公司的中层领导，阐述本次调研的目的、意义、参与者的潜在收益，并说明本次研究结果对各企业未来企业管理的指导作用。随后，研究者与人力资源部门进一步沟通，计划下一步具体的调研过程和对象。调研的 6 个子公司及其 38 个交叉职能项目团队的基本情况如表 5 - 1 所示。

随后，大量问卷在人力资源部门人员的帮助下，被分发给 38 个交叉职能项目团队成员。问卷采用纸质版形式，填答过程安排在全体团队成员工作会议后进行。填答问卷前，研究助理首先对本次调研的目的、意义和问卷填答要求进行说明，最后说明本次调研过程将是匿名和自愿的。整个问卷发放和回收工作持续 3 个月，回收问卷 266 份（回收率 45%）。回收率较低的原因可能有：一是对调研问题不感兴趣而采取回避态度；二是刚刚成为团队成员，对调研问题并不了解。三是整理回收所有的问卷，剔除不合格问卷（漏选、多选、明显错答）47 份，最终获得 38 个交叉职能项目团队的 219 份完整问卷。其中，每个团队的平均参与者人数为 8 人，每个团队参与者人数范围为 7 ~ 18 人。219 份问卷参与者的人口统计学信息如表 5 - 2 所示。

表 5－1　　子公司名称及其交叉职能项目团队基本情况

编号	公司名称	团队数量（个）	平均团队人数（人）	平均团队任期（月）
1	河北金牛化工股份有限公司	6	15	6
2	石家庄工业泵厂有限公司	7	5	3
3	华北制药集团	9	18	12
4	邯郸矿业集团通方煤矿机械有限公司	5	9	3
5	河北航空投资集团有限公司	5	7	2
6	井矿集团有限公司	6	12	5

注：团队数量＝38。

表 5－2　　参与者的人口统计学特征

变量	分类	人数	%
性别	男	113	48.4
	女	106	51.6
年龄	20～29	50	22.8
	30～39	61	27.9
	40～49	67	30.6
	50～59	29	13.2
	>60	12	5.5
团队任期	3～5 年	68	31.1
	6～10 年	34	15.5
	11～15 年	36	16.4
	16～20 年	35	16.0
	21～25 年	29	13.2
	>25 年	17	7.8
教育水平	专科	34	15.5
	本科	89	40.7
	研究生及以上	96	43.8

注：有效问卷数量＝219。

本研究用了阿姆斯特朗和奥费屯（Armstrong & Overton，1977）的时间趋势过程，验证无应答偏差。研究者对比早期和晚期的应答者的问卷，发现没有显著差异（$p>0.05$）。随后，研究者用林德尔和惠特尼（Lindell & Whitney，2001）的马尔科夫变量技术检验可能存在的共同方法偏差。结果显示研究数据集不受共同方法偏差的影响。

5.3.3 变量测量

关系冲突：采用耶恩（Jehn，1995）冲突量表，共4个题项。耶恩的冲突量表在国内已得到多次验证（郎淳刚、席酉民和郭士伊，2007；王国锋、李懋和井润田，2007）。该量表采用里克特5点计分，1表示“完全不同意”，5表示“完全同意”。代表题项有“团队成员间常常发生关系冲突”。关系冲突量表的克伦巴哈尔α系数为0.88。

消极情绪：测量参与者消极的情绪基于范日新和范荣真（Van Woerkom & Van Engen，2000），拉扎勒斯（Lazarus，1991）和帕金森（Parkinson，1995）的5个题项。这5个题项包括了团队成员在工作中可能发生的五种消极情绪，如生气、焦虑、厌恶、畏惧、狂怒。反应者要求指出在工作中发生题项所列出的消极情绪的程度。以上情绪采用里克特5点计分，1表示“完全不同意”，5表示“完全同意”。消极情绪量表的克伦巴哈α系数为0.91。

工作满意度：测量参与者在交叉职能项目团队中的工作满意程度。研究用2个题项反应参与者的工作满意程度。如：“您在项目团队工作中感到愉快吗?”“我愿意继续留在项目团队中继续工作。”以上工作满意度量表采用里克特5点计分，1表示“完全不同意”，5表示“完全同意”。工作满意度量表的克伦巴哈尔α系数为0.90。

项目绩效：通常测量项目绩效的三个绩效指标为成本、工期和质量。因此本研究测量项目绩效将基于基西和丹提（Kissi & Dainty，2013），赖西，根密和萨奥尔（Reich，Gemino & Sauer，2014），杨、陈和王（Yang，Chen & Wang，2014）的6个题项。反应者要求根据自己的认知判断所在项目多大程度上达到或即将达到题项所列项目绩效。以上项目绩效采用里克特5点计分，

1 表示“完全不同意”，5 表示“完全同意”。项目绩效量表的克伦巴哈 α 系数为 0.91。

控制变量：本研究中团队成员性别、团队成员任期和教育水平作为控制变量。首先，在冲突研究中，团队成员性别和团队成员任期通常作为控制变量（Mooney，Holahan & Amason，2007；Jehn，1995）。另外，教育水平是与项目绩效水平有关系的一个重要变量（Pulakos et al.，2000）。其中，对于性别变量，男性编码为 0，女性编码为 1；对于团队任期体现为连续变量的形式；对于教育水平，专科编码为 1，本科编码为 2，研究生以上学历编码为 3。

5.3.4 研究模型和分析方法

本研究提出了在个体层次和团队层次下交叉职能项目团队关系冲突通过消极情绪对项目绩效或团队成员工作满意度的影响，分析需要验证不同层次下关系冲突对绩效的消极影响。研究根据张，泽爱普和普里彻（Zhang，Zyphur & Preacher，2009）的方法来验证模型的多层次中介效应。即验证自变量、中介变量和应变量在个体层次和团队层次的关系。多层次下的中介模型是基于 1-1-1 模型（自变量、中介变量和应变量均在单一水平下分析）。然而，模型中的变量并不总是在同一层次下。即，自变量或中介变量常常嵌套于较高的团队层次。为了克服这一缺陷，检验中介变量嵌套于团队层次的模型问题，张（Zhang，2009）和他的研究团队基于组均值中心化分析提出了跨层次中介模型。组均值中心化分析的目的是为了使截距的解释更有意义，减小变量之间的共线性（尤其是对含有交互作用的模型）（刘红云，张雷 & 孟庆茂，2004；Lazarus & Folkman，1984）。因此，将个体层次的中介效应检验与团队层次的中介效应检验区别开来。研究者对这一方法做了蒙特卡洛模拟研究，验证了该方法对区别多层次变量关系是可行的，并且在实证方法中有足够的统计力。

依据张，泽爱普和普里彻（Zhang，Zyphur & Preacher，2009）的方法，对研究假设 1、3、4、6 进行验证。应用统计软件 HLM7.0 验证多层次模型，同时应用SPSS软件，通过传统的最小二乘回归技术验证团队层次下的交叉职能项目团队关系冲突对项目绩效的消极作用（假设2）和团队消极情绪的中介作用（假设5）。

5.3.5 信效度检验

本研究的交叉职能项目团队关系冲突、消极情绪、项目绩效和团队成员满意度都采用团队成员自评的方式。因此，需要进一步验证这些构念间的区分度。验证性因子分析的结果表明，四因素模型数据显示了良好的适配性，χ^2/df（卡方自由度值）=1.88，CFI（比较适配指数）=0.92，NNFI（非规准适配指数）=0.94，RMSEA（渐进残差均方和平方根）=0.043。这说明本研究的4个变量代表4个不同的构念。

变量的均值、标准差和相关系数如表5-3所示。

表5-3　　Level-2水平下描述性统计及相关性分析

	均值	方差	1	2	3	4
1. 交叉职能项目团队关系冲突	3.35	0.45				
2. 团队消极情绪	3.12	0.73	0.69**			
3. 团队成员消极情绪	2.89	0.69	0.34**	0.66**		
4. 团队成员工作满意度	3.29	0.71	-0.41**	-0.54**	-0.33**	
5. 项目绩效	3.47	0.92	-0.27*	-0.46**	-0.39*	0.33*

注：Level-2 N=38，$*p<0.05$，$**p<0.01$。

5.4 结果分析

5.4.1 团队层次变量的聚合效度检验

交叉职能项目团队关系冲突、团队消极情绪和项目绩效3个变量要进行团队层次分析前，需要将个体层次变量集成为团队层次变量以进行进一步分析。本研究依据詹姆斯，德玛瑞和沃尔夫（James，Demaree & Wolf，1984）的方法计算了组内一致性指标（R_{wg}），来测量个体变量到团队水平的聚合。理论界普遍认为，R_{wg}值在 0.7 以上团队成员认知趋同，个体层次的测量值可以进行聚合、加总以得到团队层次的测量值。研究者通过计算每个团队的 R_{wg}值，取研究样本的 R_{wg}均值或中位数，当 R_{wg}大于 0.7 时，表示个体测量数据聚合为团队水平数据是合适的。另外，组内相关系数 ICC（Intraclass Correlation Coeffieien）也是测量个体层次数据聚合为团队层次数据有效性的指标，ICC（1）指标表示了团队趋同的程度（Bliese，2000）。ICC（2）反映了个体层次变量均值作为团队层次数据的可信度（Bliese，2000）。研究结果表明，ICC（1）>0.1 表明各变量在各团队中有充足的内部同质性，ICC（2）>0.7 范围表明用个体数据的平均数作为其指标的可信度较高（James，Demaree & Wolf，1984）。根据以上分析，本研究中的交叉职能项目团队关系冲突、团队消极情绪、项目绩效三个变量的 R_{wg}指标的平均数分别为 0.88、0.90、0.92，都大于 0.7。ICC（1）的值分别为 0.11、0.19、0.15，都在詹姆斯，德玛瑞和沃尔夫（James，Demaree & Wolf，1984）的结果范围内。ICC（1）的值分别为 0.79、0.81、0.90，表明个体层次变量数据的平均值作为团队层次变量的可信度较高。综上所述，将个体层次变量集成为团队层次变量的检验指标均达到可行要求。

5.4.2 假设检验

假设 1 和假设 3 指出，交叉职能项目团队关系冲突在个体层次和跨层次上对团队成员满意度有消极影响。因为需要进行跨层次检验，在验证假设前，研究者进行了不含任何预测变量的零模型计算。结果显示，组间方差 τ_{00} = 1.38，且卡方检验的结果表明组间方差是显著的，$\chi^2(36) = 211.17$（$p < 0.05$）。此外，组内方差 $\sigma^2 = 3.14$。因此，计算 ICC（1）为 0.31，表示团队

成员工作满意度的方差有31%来自于组间方差。经过计算，交叉职能项目团队关系冲突在个体层次和跨层次中对团队成员满意度都有消极的影响（$\gamma_{10} = -0.35$，$p<0.05$；$\gamma_{01} = -0.27$，$p<0.01$），如表5-4所示。因此，假设1和假设3得到支持。

假设2指出，交叉职能项目团队关系冲突对项目绩效有消极影响。研究运用普通最小二乘法（OLS）验证了这一消极关系是成立的，即交叉职能项目团队关系冲突与项目绩效为负相关关系（$\beta = -0.45$，$p<0.01$），如表5-5所示。因此，假设2得到支持。

假设4指出，团队成员消极情绪对交叉职能项目团队关系冲突和团队成员工作满意度有中介作用（Level-1中介效应）。假设6指出，团队层次下，团队成员的消极情绪对交叉职能项目团队关系冲突和团队成员工作满意度有跨层次中介作用（Level-2中介效应）。在Level-1和Level-2水平下，交叉职能项目团队关系冲突对团队成员工作满意度的消极影响在假设1和假设3已经得到证实。依据张，泽爱普和普里彻（Zhang，Zyphur & Preacher，2009）的方法，继续验证消极情绪在个体层次和跨层次下的中介作用。研究对Level-1的个体层次变量进行组均值中心化。由表5-4可见，交叉职能项目团队关系冲突对团队的消极情绪关系在个体层次和团队层次下都为正相关（$\gamma_{10}=0.27$，$p<0.01$；$\gamma_{01}=0.33$，$p<0.01$）。交叉职能项目团队关系冲突对团队成员的消极情绪在个体层次和团队层次下都为正相关（$\gamma_{10}=0.41$，$p<0.01$；$\gamma_{01}=0.24$，$p<0.01$）。下面为了验证消极情绪的中介作用，研究者对Level-1个体层次下的团队成员关系冲突进行组均值中心化作为Level-2团队水平的自变量，研究者同时对Level-1个体层次下的中介变量团队成员消极情绪进行组均值中心化，用于团队水平分析。单水平模型用于验证个体层次下交叉职能项目团队成员消极情绪的中介作用。为了区分消极情绪在个体层次和跨层次的中介作用，个体层次下的消极情绪作为协变量进入Level-2团队层次分析。基于此，消极情绪作为中介效应被检验，即在个体层次下团队成员的消极情绪与团队成员满意度显著正相关（$\gamma_{20}=0.25$，$p<0.01$）。

Sobel Z 检验，证明在个体层次下团队成员消极情绪对交叉职能项目团队关系冲突和团队成员工作满意度关系有中介作用（Sobel Z = 6.22，$p < 0.01$）。因此，假设 4 得到验证。另外，团队层次下的交叉职能项目团队消极情绪对团队成员工作满意度显著正相关（$\gamma_{02} = 0.31$，$p < 0.05$）。Sobel Z 检验，证明在团队水平下团队消极情绪对交叉职能项目团队关系冲突和团队成员工作满意度关系有中介作用（Sobel Z = 3.05，$p < 0.01$）。因此，假设 6 得到支持。

表 5-4　多水平回归模型分析

自变量	模型 1		模型 2		模型 3		模型 4	
	工作满意度		团队成员消极情绪		团队消极情绪		工作满意度	
固定效果								
常数	-1.11*	(0.39)	1.38	(0.44)	1.78*	(0.49)	-0.53	(0.69)
Level - 1								
交叉职能项目团队关系冲突	-0.35*	(0.06)	0.27**	(0.06)	0.41**	(0.09)	0.05	(0.04)
团队成员消极情绪							0.25*	(0.04)
团队消极情绪								
Level - 2								
团队成员性别	0.06	(0.03)	0.07	(0.13)	0.09	(0.11)	0.11	(0.19)
团队成员任期	0.23	(0.15)	-0.16	(0.04)	0.17	(0.18)	0.22	(0.12)
教育水平	0.14	(0.09)	-0.01	(0.17)	0.13	(0.11)	0.29	(0.38)
交叉职能项目团队关系冲突	-0.27**	(0.08)	0.33**	(0.22)	0.24**	(0.13)	0.41	(0.44)
团队成员消极情绪								
团队消极情绪							0.31**	(0.11)
随机效果								
Level - 1								
截距	0.27	(0.05)	0.49	(0.14)	0.55	(0.09)	0.08	(0.03)

注：Level - 1 N = 219；Level - 2 N = 38；* $p < 0.05$，** $p < 0.01$。

假设 5 指出，团队层次下，交叉职能项目团队消极情绪对团队关系冲突和项目绩效关系有中介作用。在假设 2 中，交叉职能项目团队关系冲突对项目绩效的消极影响已经得到证实。然而，交叉职能项目团队消极情绪对项目绩效的影响并不显著（$\beta=0.49$，$p>0.05$），因此假设 5 并未得到证实。

表 5－5　　普通最小二乘法验证项目绩效

	项目绩效		
	B	SD	β
第一步			
常数项	7.35	16.24	0.14
团队成员性别	6.77	10.89	0.21
团队成员任期	9.10	3.17	0.10*
教育水平	0.05	1.99	0.35*
常数项	9.77	21.46	
团队成员性别	7.06	9.12	0.11
团队成员任期	13.70	5.32	0.15
教育水平	0.10	2.38	0.19*
交叉职能项目团队关系冲突	－15.05	6.14	－0.45**
R^2			0.31*
F			2.05
ΔR^2			0.08*
ΔF			3.96*

注：Level－2 N＝38；$*p<0.05$，$**p<0.01$。

5.5 讨　　论

本部分通过跨层次中介模型探索了交叉职能项目团队关系冲突对项目绩效的影响机理。首先，研究在个体层面上验证了交叉职能项目团队关系冲突对团队成员工作满意度的消极影响（H1），同时研究在团队层面上验证了交叉职能项目团队关系冲突对项目绩效的消极影响（H2）。其次，基于上一章的研究结论，进一步验证消极情绪对交叉职能项目团队关系冲突—项目绩效关系（H4），消极情绪对交叉职能项目团队关系冲突—团队成员工作满意度关系（H5）的中介作用。本部分还基于 Rousseau 的多层次理论，验证了交叉职能项目团队对团队成员工作满意度的跨层次消极作用（H3），同时验证了消极情绪对交叉职能项目团队关系冲突—团队成员工作满意度关系的跨层次中介作用（H6）。研究通过张，泽爱普和普里彻（Zhang，Zyphur & Preacher，2009）的方法，用统计软件 HLM7.0 验证了多层次模型，证明假设 1、3、4、6 均成立，同时应用 SPSS18.0，进行传统的最小二乘回归验证了假设 2 和假设 5 成立。

研究结果具有理论和实践意义。首先，交叉职能项目团队成员个体构成团队，个体嵌入团队中形成团队整体，以进行团队合作和创新活动。因此，交叉职能项目团队关系冲突具有个体和团队两个层面的意义。本研究基于上一章的交叉职能项目团队与项目绩效的影响机理模型，建立了跨层次中介模型，进一步验证交叉职能项目团队关系冲突、消极情绪、项目绩效、团队成员个体满意度在不同层面的相互影响关系。另外，随着交叉职能项目团队形式的不断拓展和团队结构形式的日益复杂化，团队冲突形式的跨层次、交互作用趋势成为必然。本研究从多层次视角验证了交叉职能项目团队关系冲突对项目绩效的作用机理，并通过多元层次回归模型验证了交叉职能项目团队关系冲突的跨层次作用。研究结果进一步从多层次视角验证了交叉职能项目团队关系冲突对项目绩效的作用机理，同时为未来团队冲突管理者从多层次视角探索交叉职能项目团队关系冲突提供了理论基础。

本研究对交叉职能项目团队关系冲突管理还有一定的实践意义。交叉职能项目团队成员的个体多样性特征使得团队成员间的关系冲突不可避免，当团队中的关系冲突数量和形式不断增加，团队成员关系紧张，团队合作的氛围被打破，团队成员将精力耗费在人际斗争中，团队成员对团队整体的团队目标和绩效关注程度下降，必然影响团队整体项目绩效。因此，交叉职能项目团队中个体行为与团队绩效是彼此依赖，而又彼此影响的过程。交叉职能项目团队对项目绩效的消极作用和交叉职能项目团队对项目团队成员工作满意度的跨层次消极影响作用在研究中均得到证实。另外，团队成员消极情绪的跨层次中介作用也得到证实。基于研究结论，交叉职能项目团队管理者不能忽视团队成员关系冲突的管理。首先，在团队构建初期，从关系冲突的几个关键影响因素出发，注重团队成员的选择，并增加团队活动数量和形式。良好的团队成员结构可以有效地避免无效沟通，促进高效的信息交流，减少因误解引发的分歧和冲突。另外，在团队构建初期，一定程度的团队活动，可以减少项目不确定性和增进团队成员间的快速磨合。例如，组织项目前期技术交底会议，明确个人任务和职责，明确项目流程，以减少由项目不确定性引发的关系冲突；制定项目团队任务标准、规范、流程等，以减少由于不一致的任务行为方式而引发的重复劳动。其次，在工作业余时间内，组织团队业余交流活动，以增强团队成员了解并促进彼此的沟通和信任。例如：班后总结会或周末的员工聚会都可以增进团队成员的了解和互动，使临时性的团队成员尽快彼此认可与磨合，在随后的团队工作中减少沟通障碍，尽力实现项目目标。因此，交叉职能项目团队管理者应该从关注员工个体开始、并从项目团队构建初期开始，为了实现项目的最终目标，从个体层面和团队层面进行交叉职能项目团队的冲突管理。

5.6 本章小结

本章建立了一个多层次中介模型验证了交叉职能项目团队关系冲突对项目绩效的作用机理，其中消极情绪作为中介变量对团队成员工作满意度具有跨层次中介作用。研究通过对 38 个交叉职能项目团队的 219 个团队成员的问卷调查，验证了多层次中介模型。研究结果表明，消极情绪不仅在个体层次下对团队成员工作满意度具有中介作用，同时在团队层次的消极情绪对团队成员工作满意度具有中介作用。研究从多层次视角验证了交叉职能项目团队关系冲突的多水平影响，随着交叉职能项目团队形式的不断拓展，从多层次视角分析交叉职能项目团队关系冲突对绩效的作用机理，为理论研究者深层探讨关系冲突提供新的思路。另外，交叉职能项目团队管理者应该从个体层面和团队层面进行交叉职能项目团队冲突管理。

第6章 基于图模型的交叉职能项目团队关系冲突管理策略研究

6.1 引　　言

交叉职能项目团队成员个体多样性特征使得关系冲突不可避免。面对团队关系冲突，团队成员会选择不同的冲突管理方式。冲突管理方式或冲突解决行为，即反映了个体面对冲突时所采取的行为意向（Rahim & Magner, 1995）。冲突管理方式包括五种：合作、竞争、顺从、回避、折衷（Thomas, 1992）。不适当的冲突管理行为将使现有冲突恶化，甚至引发新的冲突（Weiss & Hughes，2005）。现有对冲突管理方式的研究主要有两个方面：一是探索不同文化背景下的冲突管理行为（Guerra et al.，2005）；二是研究冲突一方的冲突管理行为（Manyak & Wasswa，2010；Posthuma et al.，2012）。然而，基尔戈、希普尔和方（Kilgour，Hipel & Fang，1987）指出，冲突过程是两个或多个依赖的个体的互动行为。在冲突解决过程中，每个冲突方是一个决策者（decision-makers，DMs），冲突各方有各自的冲突处理偏好，各个冲突方的冲突行为决定了系统冲突解决状态。因此，冲突管理或冲突解决过程是一个多方决策问题。在冲突解决过程中，冲突各方不仅有多个选择，冲突方同时关注于另一方的冲突管理方式，因为对方的选择决定了自己冲突管理方式选择的好与坏。因此，需要从决策的视角探索关系冲突管理方式并提出相应的关系冲突管理策略。

理论界用非合作博弈理论从决策视角分析和模拟了冲突解决行为（吴云、周青，2012），但是非合作博弈理论用于模拟此类问题有一定局限性，而且形成的冲突解决战略较难理解。例如，对方的行为偏好顺序在自身做决策前并不知道，因此对于冲突决策者而言何时做决策是个问题。另外，在博弈模型中的冲突决策偏好必须转化为实际效用，然而这个实际效用值很难准确测量。为了克服博弈模型的这些局限性，图模型方法为冲突的模拟和分析提供了一个冲突解决的有效方法（Kilgour et al.，2001）。该方法是一个简化的、柔性的、最小化信息需求的冲突解决与分析过程，并为决策者提供了有用的冲突决策建议。图模型运用了集论，以图的形式描述了冲突情况（Fang，Hipel & Kilgour，1993）。图模型的基本组成包括决策者、决策者的选择、可能的决策状态、决策者的状态转移和决策偏好（Hipel，2002）。其中，确定决策者的偏好是图模型分析中最重要的一步。一些研究者用 AHP 方法和模糊多准则模型—ELECTRE Ⅲ来对相关的偏好信息进行排序（Ke et al.，2012；Ke，Li & Hipel，2012），但是这两种方法的权重确定仍然依赖于决策者的主观判断。还有一些研究者关注于个体因素，比如，决策者的态度、认知和情绪等对行为偏好的影响（Obeidi，Kilgour & Hipel，2012；Montes，Rodríguez & Serrano，2012）。显然这些研究已经意识到决策者个体多样性特征等人的因素影响个体的冲突解决行为。然而，交叉职能项目团队是一个复杂的关系项目团队，信任、互动和团队成员间的良好关系都可能影响决策者冲突偏好次序。基于以上分析，本研究基于图模型方法，考虑决策者冲突管理方式，探索决策者不同的冲突管理类型的冲突决策。

冲突管理方式反映了决策者面对冲突的综合行为意图（Moberg，2001）。基于布莱克，谢泼德和穆顿的研究（Blake，Shepard & Mouton，1964），托马斯（Thomas，1976）确定了五类不同的冲突管理方式：竞争、合作、顺从、回避、折衷。这五种冲突管理方式囊括了所有可能的冲突行为，依据这些行为进而在图模型中确定决策者的偏好顺序。例如，合作的冲突管理方式代表合作的行为意向，即冲突各方共同关注于彼此目标以获得双赢（韩飞、郭丽芳，2014）。在交叉职能项目团队中，当冲突各方都采取合作的冲突解决行为时，冲突各方致力于冲突解决，关注彼此利益，并采取柔性的行为和公开的沟通方式以获得各方都满意的冲突解决结果（Montes，Rodríguez & Serrano，2012）。因此，在交叉职能项目团队中，合作的冲突管理方式使得冲突各方达到共赢。

本部分的研究目标是探索交叉职能项目团队成员在不同的冲突管理方式下对冲突结果的影响。为了达到这一目标，提出一个基于图模型和冲突管理方式的冲突解决方法，随后案例研究对提出的模型进行验证。通过模型结果，分析交叉职能项目团队关系冲突解决策略，对未来交叉职能项目团队关系冲突解决提供有价值的参考和借鉴。

6.2 图模型方法概述

图模型起源于冲突分析（Fraser & Hipel，1984），用数学逻辑和集论以图的形式来描述冲突情况。图模型是在经典对策论、超对策论基础上发展起来的一种对冲突行为进行分析的冲突决策方法。目前，该方法已经有一个较广的应用，比如环境管理、劳动力管理谈判、军事管控和国际经济谈判等领域（Obeidi，Kilgour & Hipel，2009；Montes，Rodríguez & Serrano，2012；Howard，1971；Kilgour et al.，2001）。

图模型冲突解决方法最初由方，希普尔和基尔戈（Fang，Hipel & Kilgour，1993）等进行了完整的描述。该方法明确了决策者、可行状态集、可行的状态转移集和决策者对可行状态的偏好。这四个概念定义如下：

（1）N，决策者（DMs），$2 \leqslant |N| < \infty$，$N = \{1, 2, \cdots, n\}$。

（2）S，可行状态集，$2 \leqslant |S| < \infty$。

（3）G，图集和 $G_i = (S, A_i)$，$i \in N$；G_i 表示第 i 个决策者在可行状态集合 S 上的状态转移图，每一个 s_k，$k = 1, 2, \cdots, m$ 代表一个节点，A_i 表示决策者 i 在各个可行状态之间转移所形成的有向弧集合。若决策者 i 可以通过单方面从状态 s_j 转移到 s_k，则图 G_i 中包含一条从 s_j 到 s_k 的有向弧。

（4）相对偏好集 $P = \{P_i(S), i \in N\}$，P_i 代表决策 i 在集合 S 上的偏好关系 $\{\succ_i, \sim_i\}$，比如 $s_1 \succ_i s_2$ 表示决策者 i 相比于状态 s_2 更偏好于状态 s_1。偏好关系满足：关系 $\succ_i$ 是非对称的，即如果 $s_1 \succ_i s_2$ 成立，则 $s_2 \succ_i s_1$ 非真；关系 $\sim_i$ 是自反和对称的，即 $s_1 \sim_i s_1$，且若 $s_1 \sim_i s_2$，则有 $s_2 \sim_i s_1$。若关系 $\sim_i$ 和 $\succ_i$ 对于决策者 i 是可以传递的，那么对于决策者 i，集合 S 的所有元素可

以从最偏好到最不偏好依次排列，也即 $\{>_i, \sim_i\}$ 是完全的。

每一个决策者从一个决策状态到另一个决策状态也可以直观的表现在图里。其中，每一个节点代表一个状态，一条弧代表一个状态转移过程。一个决策状态是一个潜在的冲突结果。为了直观的解释这一概念，图6－1展示了两个冲突方的图模型冲突解决的例子。在6－1图中，每个冲突决策者有两个选择，这两个选择形成四个决策状态：1、2、3和4。图中还显示了每个决策者的偏好程度值（从1到10）。例如，对于决策者1而言，决策的偏好顺序依次为2、1、4、3，而对于决策者2来说，偏好次序为3、4、2、1。基于这些偏好价值，可以很直观地看出决策状态2代表了最优的冲突解决策略，因为对于整个冲突系统，其总的偏好价值最高（10＋4＝14）。当然这一简单计算并没有完全考虑到决策偏好价值中的不确定性因素。为了避免这一缺陷，图6－1左边的状态转移图直观的表现了各个冲突决策者的所有可能状态转移。假设决策者1（DM1）和决策者2（DM2）都选择状态1作为冲突解决的初始选择。对于DM1来说，状态1的偏好价值为8，对于DM2来说，状态1的偏好价值为2。现假设决策者1试图改变选择状态“接受”为“拒绝”，则DM1的决策状态由1移动到2。如图所示状态转移过程并重新分析新的状态，在决策状态2中，DM1的偏好价值由8到10，提高了2，同时DM2的决策状态也由2到4提高了2。对于DM1和DM2而言，偏好价值都比在决策状态1有所提高。以上例子指出，一方的决策状态转移，引起了各方的偏好值的增

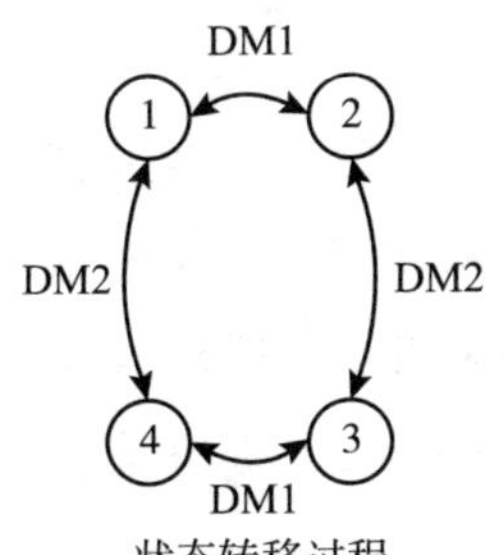

状态转移过程

决策者的选择	DM1	接受	拒绝	接受	拒绝
	DM2	接受	接受	拒绝	拒绝
决策状态		①	②	③	④
DM1		8	10	3	4
DM2		2	4	10	5

注：DM1，冲突决策者1；DM2，冲突决策者2。

图6－1 图模型冲突解决举例

加；然而有时一方的状态转移，会使己方偏好值增加，但使对方偏好值减少。例如，当 DM1 由决策状态 4 到决策状态 2 时（偏好值增加 10 - 4 = 6），DM1 的偏好值却减少了 1（5 - 4 = 1）。因此，运用图模型技术可以直观地对冲突方共同的冲突决策偏好进行分析。

根据所有冲突决策者偏好和可能的状态转移建立了冲突解决图模型，随后分别对决策者进行稳定性分析以确定冲突发生后最终的最优冲突解决方案。在图模型中，稳定性定义是一个用来判断决策者是否达到稳定状态或采取单边移动策略的规则集（Kirkbride，Tang & Westwood，1991）。当决策者 DM 没有从某个状态移动到另一个状态的意图时，这个状态对 DM 来说是稳定的，该状态称为冲突的一个潜在均衡或冲突解决解。图模型的冲突解决稳定性定义概念有 4 种：纳什稳定（Nash stability，Nash）、一般超理性（general metarationality，GMR）、对称超理性（symmetric metarationality，SMR）、序列稳定（sequential Stability，SEQ）。各种稳定定义如下，表 6 - 1 对各个定义进行了描述。

纳什稳定（Nash）：对于 $i \in N$，$s \in S$，若 $R_i^+(s) = \phi$，则说明状态 s 对于局中人 i 来说是纳什稳定的。即决策者 i 通过单方改变自己的策略不能获取更大的偏好，则当前 s 状态对决策者 i 来说是纳什稳定的。

一般超理性（GMR）：对于 $i \in N$，$s \in S$，任一 $x \in R_i^+(s)$，若存在 $y \in R_{N-i}^+(x)$ 满足 $s >_i y$，则说明状态 s 对于决策者 i 来说是一般超理性的。即决策者 i 认为其他决策者 $N - i$ 会对自己的单方改进进行惩罚，对于移动到新的状态 y，决策者 i 更偏好于当前状态。

对称超理性（SMR）：对于 $i \in N$，$s \in S$，任一 $x \in R_i^+(s)$，若存在 $y \in R_{N-i}^+(x)$，对于所有 $z \in R_y(i)$ 满足 $s >_i z$，则说明状态 s 对于决策者 i 来说是对称超理性的。该定义基于一般超理性定义，即假设决策者 i 可以对其他决策者的惩罚作出反应并有机会再次移动于新的状态 z，且 $s >_i z$，则决策者的理性选择会停留在状态 s。

序列稳定（SEQ）：对于 $i \in N$，$s \in S$，任一 $x \in R_i^+(s)$，若存在 $y \in R_{N-i}^+(x)$，

且满足 $s >_i z$，则说明状态 s 对于决策者 i 来说是序列稳定的。

表 6－1　　　　图模型中的主要稳定性定义

定义	描述
纳什稳定（Nash）	决策者无法单边转移到一个更优状态
一般超理性（GMR）	决策者的单边改进受到其他决策者的制裁，即使这种制裁对对方决策者也是不利的。
对称超理性（SMR）	决策者的单边改进受到其他决策者的制裁，即使这种制裁对对方决策者也是不利的，而当前决策者仍有机会继续移动。
序列稳定（SEQ）	决策者的单边改进受到其他决策者的制裁，而对方决策者的制裁毫不考虑自身的损失。

6.3　案例分析

6.3.1　案例背景

软件开发团队是一种典型的交叉职能项目团队。随着客户需求多样性的不断提高，客户对软件产品的复杂性和集成性要求越来越高。为了在有限的时间和资源条件下交付满足客户需求的产品，不同经验和技能的软件开发团队成员间需要高度的互动和合作。然而，关系冲突是软件开发团队中存在的一种普遍现象。因为团队成员间的个体多样性特征，如不同的价值观、偏好、背景和经验等，使得关系冲突不可避免。其中软件开发者和测试者间的关系冲突是软件开发团队冲突中最有代表性的一类冲突。软件开发者的职责是依据产品合同目标实现软件开发过程，软件测试者的职责是对软件产品功能质量等进行检测。即软件测试者需要发现软件产品问题。因此，软件开发者和测试者是软件开发团队互动频率最多的两类成员，频繁的互动增加了潜在的关系冲突。

本案例研究数据来自天津的软件开发公司的团队成员，包括软件开发者（系统分析师、设计师、程序员）和测试者。为了公司隐私，公司名称被隐匿。虽然软件开发者和软件测试者的共同目标是在严格的时间和资金约束条件下完成产品合同要求，但是在软件产品开发过程中，二者的具体目标不同。为了实现软件产品功能需求，软件开发者寻求最大化效率，比如寻求代码量最小和运行时间最短；而测试者严格按照产品合同约定，对产品是否满足产品需求进行严格检测。另外，软件产品开发在先，软件成品检测在后。产品完成时，软件测试者依据产品合同常常针对已完成的软件产品提出质疑。比如，软件测试者会指出软件产品某些具体功能项目不满足产品合同要求。因此，软件测试者会要求软件开发者重新设计和开发完全符合合同要求的产品。然而，软件开发者解释说，最终的软件产品是满足合同需求的，虽然某些具体程序与合同不一致，但是最终产品性能实际上要优于原始合同产品要求。因此，软件开发者会拒绝重新设计和开发过程。软件开发者和软件测试者之间的关系冲突由此而引发。

6.3.2 模型开发

用图模型方法模拟软件开发者和软件检测者间的冲突，步骤如下：

（1）明确冲突决策者各自的冲突行为选择。在调查的软件开发团队中的软件开发者和软件测试者是两个冲突行为决策者。软件开发者有 3 种初始可选策略：依照产品合同要求重新设计；对不符合要求部分重新设计；拒绝重新设计。软件测试者对应的初始可选策略：接受当前软件产品；要求对不符合部分重新设计；要求完全重新设计。各个决策者的选择在表 6－2 左侧列出，决策者可以选择接受或拒绝此策略。

（2）去除不可行策略。若一个冲突有 m 个选择，则总策略包含了 2^m 种可能策略。正如表 6－2 左侧所示，两个冲突决策者共有 6 种选择，则总策略

包含 $2^6=64$ 种可能策略。考虑到某些策略的不可行性，图模型方法要求剔除不可行策略。例如，一些策略包含的冲突选择是不可以同时存在的。最终，从 64 个决策中剔除了 55 个不可行策略。剩余的 9 个可行策略如表 6－2 所示。每一个策略状态被标为 Y 或 N。

（3）定义决策者偏好和可能的状态转移。决策者可能从一个状态转移到另一个状态。但是一旦决定转移，结果将不可变且不可取消。因此，状态转移是个不可逆的过程。在冲突分析中，对这一过程之前的偏好顺序定义是重要的一步。因为冲突决策者依据冲突行为偏好排序信息决定未来的状态转移过程。

本部分在冲突行为偏好排序过程中考虑冲突管理方式，不同的冲突管理方式影响决策者的偏好顺序。基于对冲突管理方式的研究，本部分确定了合作、竞争两种冲突管理类型。因为合作和竞争两种冲突管理类型代表了所有冲突管理类型中的两类极端情况。对这两种极端冲突类型的分析，有助于对结果进行对比分析，进而给出最终的冲突解决策略。

合作的冲突管理方式暗含冲突各方关注于共同的目标而非自身利益，且冲突各方往往采用公开的沟通方式和较柔性的行为方式以达到各方满意的冲突结果（Montes，Rodríguez & Serrano，2012）。因此，合作的冲突管理方式代表了团队成员间的协同。竞争的冲突管理方式是以对方的损失为结果，以达到自身利益最大化。竞争的冲突解决行为阻碍了团队成员间建立长期的合作关系，加速并恶化了关系冲突，引发消极的团队反应（De Dreu & Van Vianen，2001）。软件开发者和软件测试者由于专业、技能差异等对技术问题存在认知差异，这些异质性特征会影响个体行为意图。因此，软件开发者和测试者在冲突情况下有不同的冲突行为偏好。考虑到合作冲突管理方式和竞争冲突管理方式的各自特征，本案例确定了冲突决策者的冲突行为偏好状态。9 个可行状态依据偏好程度从左到右依次排序。依据软件开发者和测试者的冲突管理方式，冲突偏好排序被分为四种情况。例如，在情况 I 中，当冲突发生，软件开发者和测试者都采用合作的冲突管理方式，冲突各方均偏好于一种共赢的冲突解决战略。因此，软件开发者的偏好次序为：4，5，6，1，2，3，7，8，9；而软件测试者的偏好次序为2，5，8，1，4，7，3，6，9。所有冲突行为偏好排序如表6－2下半部分所示。

表6－2　冲突各方可行状态和偏好排序

决策者		选择	可行状态								
			1	2	3	4	5	6	7	8	9
软件开发者（开发者）		完全重新设计	Y	Y	Y	N	N	N	N	N	N
		部分重新设计	N	N	N	Y	Y	Y	N	N	N
		拒绝重新设计	N	N	N	N	N	N	Y	Y	Y
软件测试者（测试者）		接受当前产品	Y	N	N	Y	N	N	Y	N	N
		要求部分重新设计	N	Y	N	N	Y	N	N	Y	N
		要求完全重新设计	N	N	Y	N	N	Y	N	N	Y
Ⅰ	开发者	合作	高偏好：4，5，6，1，2，3，7，8，9：低偏好								
	测试者	合作	高偏好：2，5，8，1，4，7，3，6，9：低偏好								
Ⅱ	开发者	合作	高偏好：4，5，6，1，2，3，7，8，9：低偏好								
	测试者	竞争	高偏好：3，6，9，2，5，8，1，4，7：低偏好								
Ⅲ	开发者	竞争	高偏好：7，8，9，4，5，6，1，2，3：低偏好								
	测试者	合作	高偏好：2，1，3，5，4，6，8，7，9：低偏好								
Ⅳ	开发者	竞争	高偏好：7，8，9，4，5，6，1，2，3：低偏好								
	测试者	竞争	高偏好：3，6，9，2，5，8，1，4，7：低偏好								

6.3.3　稳定性分析与结果

冲突模型建立，特别是软件开发者和软件检测者偏好顺序确定后，随后需要进行稳定性分析，探索冲突解决行为是怎样影响软件开发者和软件测试者的冲突解决行为，并最终确定冲突各方都采取不同的冲突解决行为时的冲突解决结果。

根据稳定性定义，本研究分Ⅰ，Ⅱ，Ⅲ和Ⅳ四种情况进行稳定性分析，具体分析见图6－2。每种情况的横行显示冲突行为偏好排序和可能的状态转移。箭线从决策者的原始状态指向更可能的偏好状态。例如，在情况Ⅲ，软件开发者根据偏好排序，可以从状态 2 选择转移到状态 8。

情况 I

开发者的偏好排序	4	5	6	1	2	3	7	8	9
开发者的状态转移							4 1	5 2	6 3
检测者的偏好排序	2	5	8	1	4	7	3	6	9
检测者的状态转移							2 1	5 4	8 7

情况 Ⅱ

开发者的偏好排序	4	5	6	1	2	3	7	8	9
开发者的状态转移							4 1	5 2	6 3
检测者的偏好排序	3	6	9	2	5	8	1	4	7
检测者的状态转移							3	6	9

情况 Ⅲ

开发者的偏好排序	7	8	9	4	5	6	1	2	3
开发者的状态转移							7	8	9
检测者的偏好排序	2	1	3	5	4	6	8	7	9
检测者的状态转移			2 1			5 4			8 7

情况 Ⅳ

开发者的偏好排序	7	8	9	4	5	6	1	2	3
开发者的状态转移				7	8	9	7	8	9
检测者的偏好排序	3	6	9	2	5	8	1	4	7
检测者的状态转移				3	6	9	3	6	9

图 6－2　四种情况下的状态转移

图 6－2 直观地显示了Ⅰ，Ⅱ，Ⅲ和Ⅳ四种情况的稳定性分析过程和各情况下可能的状态转移。根据表 6－1 的稳定性分析定义，分析开始于状态排序，并依据箭线方向的状态转移，直到箭线末端（不再移动，达到稳定）。例如，对于软件开发者，状态 1、状态 2、状态 3、状态 4、状态 5、状态 6 是纳什稳定状态；对于软件检测者，状态 1、状态 2、状态 3、状态 4、状态 5、

状态6、状态7、状态8也是纳什稳定状态。在表6－3的情况Ⅰ被标注并列出。同理，其他稳定类型也被列出。例如，在表6－3的情况Ⅱ中，软件开发者和软件检测者的状态7和状态8均被标注为序列稳定。另外，当某些状态不是任何稳定状态时，则冲突双方冲突结果是不稳定的。即，冲突决策者会从这一状态移动到任一更偏好状态。在表6－3中，"U"代表了不稳定状态。所有稳定类型被一一确定，每个冲突决策者的均衡状态被标注于表6－3中。在情况Ⅰ中，状态1、状态2、状态4和状态5对于软件开发者和软件测试者都是稳定的，因此被标注为"E"，即双方都达到均衡状态下可行的冲突解决方案。所有的结果分析结果见表6－3。

表6－3　稳定性分析

情况	状态								
	1	2	3	4	5	6	7	8	9
情况Ⅰ									
开发者的稳定性	Nash	Nash	Nash	Nash	Nash	Nash	U	U	U
测试者的稳定性	Nash	Nash	U	Nash	Nash	U	Nash	Nash	U
平衡（最终结果）	E	E		E	E				
情况Ⅱ									
开发者的稳定性	Nash	Nash	Nash	Nash	Nash	Nash	SEQ	SEQ	U
测试者的稳定性	U	U	Nash	U	U	Nash	SEQ	SEQ	Nash
平衡（最终结果）			E			E	E	E	
情况Ⅲ									
开发者的稳定性	U	U	SEQ	U	U	SEQ	Nash	Nash	Nash
测试者的稳定性	Nash	Nash	SEQ	Nash	Nash	SEQ	Nash	Nash	U
平衡（最终结果）			E			E	E	E	
情况Ⅳ									
开发者的稳定性	SEQ	SEQ	U	SEQ	SEQ	U	Nash	Nash	Nash
测试者的稳定性	SEQ	SEQ	Nash	SEQ	SEQ	Nash	U	U	Nash
平衡（最终结果）	E	E		E	E				E

6.4 结果分析与结论

根据研究结果，软件开发者和软件测试者间共同的平衡状态可以被选择为共同的冲突解决策略。情况 I 指出，状态 1、状态 2、状态 4 和状态 5 对每个冲突决策者是共同的稳定状态。当软件开发者和软件测试者均采取合作的冲突管理行为时，彼此互相理解、信任，最终达到一种各方共赢的冲突解决策略。正如情况 I 的平衡状态所示，软件开发者考虑部分重新设计，软件检测者接受软件开发者依据合同部分重新设计。双方快速达成一致的目标并付诸实施，双方彼此消极的态度很难形成，因为双方意识到合作的态度和行为可以促进各方价值、利益最大化。

情况 Ⅱ 和情况 Ⅲ 显示，状态 3、状态 6、状态 7 和状态 8 对每位冲突决策者是稳定状态。对这几个稳定状态分析发现，在这四个状态下，冲突一方选择合作的冲突管理行为，另一方选择竞争的冲突管理行为。即，在这四个状态下，冲突两方的冲突解决类型是相反的。当软件开发者选择合作的冲突管理行为时（部分重新设计或完全重新设计），软件测试者对应了竞争的冲突管理行为（拒绝接受）。因此，在情况 Ⅱ 和情况 Ⅲ 中，状态 3、状态 6、状态 7 和状态 8 对软件开发者和软件测试者都不是最优的冲突管理方式，即使在这些状态下达到了平衡状态。由于各冲突方拒绝忍让，对应的平衡策略是难以达到和协调的。于是，冲突解决是不可能的。

情况 Ⅳ 显示，状态 1、状态 2、状态 4、状态 5 和状态 9 对每位冲突者都是稳定状态。然而，冲突各方虽然在这些状态下达到了平衡，但是现实情况不存在。即，当软件开发者选择完全重新设计产品，而软件测试者选择拒绝产品重新设计。另外，状态 9 没有冲突解决结果，因为冲突各方坚持自己各自的原始选择，因此冲突解决是不可能的。

6.5 本章小结

本章基于图模型方法分析了软件开发者和软件测试者间的关系冲突解决过程，根据研究结果进行了相应的冲突解决策略分析。图模型冲突解决方法给出了每一个决策者在不同的冲突管理类型下的平衡状态，即冲突解决策略。研究用一个关于软件开发者和软件测试者在软件开发过程中发生的关系冲突的案例，对图模型的关系冲突解决模型进行进一步分析和论证。分析结果显示，当软件开发者和软件测试者都采用合作的冲突管理行为时，图模型中冲突各方达到均衡。在这种情况下，冲突各方关注共同的目标和彼此的利益，良好的沟通和彼此的信任，加速冲突的解决，最终达到各方利益最大化。另一种情况是，软件开发者和软件测试者均采取竞争的冲突管理行为，或者其中一方采取合作的冲突管理行为而另一方采取竞争的冲突管理行为。这些情况下，在图模型中也都能达到稳定的均衡状态，但是实际情况是一方的竞争行为阻碍了冲突方的继续沟通。面对关系冲突，竞争方以自己方利益为导向，忽视对方利益甚至以损害对方利益为目的的行为，最终阻碍关系冲突的顺利解决。因此，这些非合作的冲突管理战略都不是冲突解决的最优战略。

交叉职能项目团队关系冲突对项目绩效的影响机理研究

Chapter 7

第7章 研究结论与展望

交叉职能项目团队关系冲突在项目活动实施中不可避免。为了减少交叉职能项目团队关系冲突对项目绩效的影响，本书分别进行了交叉职能项目团队关系冲突关键影响因素研究，交叉职能项目团队关系冲突对项目绩效的影响机理研究，并基于图模型理论进行了交叉职能项目团队关系冲突管理策略研究。研究通过查阅大量文献资料，基于组织行为学和心理学研究基础，综合运用问卷调查、顾问小组讨论等实证方法，对研究内容进行分析和论证。本章将对以上各研究内容进行梳理、归纳，并指出研究的不足和未来的研究方向。

7.1 研究结论

（1）确定了交叉职能项目团队关系冲突关键影响因素。通过大量文献分析，确定了初步的交叉职能项目团队关系冲突影响因素，通过专家试问卷和专家小组讨论确定最终的包含 4 个方面 18 个因素的交叉职能项目团队关系冲突关键影响因素。确定的 4 个交叉职能项目团队关系冲突关键影响因素为：个体多样性、不确定的团队任务、组织文化多样性和团队成员不适当的行为。研究进一步运用结构方程模型对交叉职能项目团队关系冲突关键影响因素进行信效度检验和路径分析。构建的交叉职能项目团队关键影响因素不仅包括团队成员个体层面因素（个体多样性、团队成员不适当的行为），又包括团队层面因素（不确定的团队任务、组织文化多样性）。依据研究结果，确定的交叉职能项目团队关系冲突关键影响因素为交叉职能项目团队关系冲突研究者从权变、多层次的视角进一步进行关系冲突与项目绩效机理研究提供理依据。

（2）研究了交叉职能项目团队关系冲突对项目绩效的影响。研究建立了一个中介的调节模型，验证了消极情绪对“交叉职能项目团队关系冲突—项目绩效”关系的中介作用，另外，研究验证了政治技能作为权变因素对“交叉职能项目团队关系冲突—消极情绪—项目绩效”关系的调节作用。当交叉职能项目团队成员具有高水平政治技能时，关系冲突通过消极情绪对项目绩效的消极影响减弱。高水平政治技能的个体可以对关系冲突情况作出敏感和精准的判断并迅速作出反应，利用个人的社会网络关系和真诚的态度，在冲突解决过程中使对方感到值得信任进而促进良好的沟通，减少进一步误解，促进关系冲突迅速解决以减少不利的关系冲突对项目绩效的消极影响。依据研究结果，交叉职能项目团队管理者应该注重团队成员政治技能的培养。

（3）研究了交叉职能项目团队关系冲突对项目绩效的跨层次影响。研究基于以上研究内容，进一步验证了交叉职能项目团队关系冲突对项目绩效的跨层次影响。团队成员嵌入于团队中，各个团队成员构成团队整体。因此，交叉职能项目团队关系冲突是个多层次变量。另外，随着交叉职能项目团队形式和团队互动过程的多样化，对交叉职能项目团队关系冲突和项目绩效关系进行跨层次研究成为必然。研究结果表明，交叉职能项目团队不仅对项目团队绩效有消极影响，同时对交叉职能项目团队成员工作满意度有跨层次影响。其中，消极情绪在团队层次和个体层次对“交叉职能项目团队关系冲突—项目绩效”有中介作用。

（4）提出了交叉职能项目团队关系冲突管理策略。研究认为交叉职能项目团队关系冲突和随后的冲突解决过程是冲突双方共同决策的结果。当冲突各方均采用合作的冲突管理行为时，各方关注彼此利益，彼此的信任和良好的沟通促进了冲突的顺利解决，使冲突方达到共赢。当冲突一方采取竞争的冲突管理行为，或冲突双方均采取竞争的冲突管理行为时，图模型分析结果虽然显示达到稳定状态，但是这些非合作的冲突解决策略在实际情况中并非最优策略。因为采取竞争冲突管理行为的一方往往忽视对方利益甚至以损害对方利益为目的的行为，最终阻碍关系冲突的顺利解决。依据研究结果，交叉职能项目团队管理者应该选择合作的冲突管理方式，以促进冲突的顺利解决，并达到项目利益最大化。

7.2 研究局限性与展望

研究通过问卷调查、专家小组讨论等实证方法，分别确定了交叉职能项目团队关系冲突关键影响因素，探索了交叉职能项目团队关系冲突对项目绩效的影响，并建立了基于冲突管理方式的图模型冲突解决方法，以进行交叉职能项目团队关系冲突管理策略分析。整个研究过程和研究方法的局限性及其对未来的展望如下：

1. 变量测度方面

研究中的变量测量均采取参与者自评估（self-reported assessments）的方式。然而，作为模型的首次探索性研究过程，这样的数据收集过程是可行的。为了研究过程的进一步深入，未来研究者可以采用上级评估下级（supervisor reports），或同级评估（peer-peer reports）的测量方式，以增加测量的可靠度。

研究中对于项目绩效的测量，通过参与者主观定性对项目的成本、进度、质量、参与方满意度等进行了评估。通过文献分析发现，大量项目绩效研究均采用主观定性评估，因此本研究通过项目参与方对项目绩效的主观评价进而对项目绩效进行测度也是可行的。然而，项目绩效评估是一个复杂的过程，不仅包括项目工期、质量、成本等基本指标的测量，对于制造业、软件行业还包括用户满意度等指标体系。因此，未来研究者可以依据具体项目性质构建更合理、适当的项目绩效测度量表，以更准确地对研究模型进行测度和验证。

本研究政治技能变量的测量将政治技能变量作为一个整体。政治技能分为个人机敏性、人际影响力、网络能力和外显真诚四个维度。研究用了维格达和美斯勒（Vigoda - Gadot & Meisler，2010）对费里斯，戴维森和普若维（Ferris，Davidson & Perrewé，2005）测量题项的精简版本，测量了政治技能对“交叉职能项目团队关系冲突—消极情绪—项目绩效”关系的调节作用。理论界也多次将政治技能变量作为整体进行测量，研究其对其他变量的影响。未来研究者可以分别考虑政治技能的不同维度对“交叉职能项目团队—消极情绪—项目绩效”的影响。因为政治技能是现代组织中必不可少的一种个人能力，当团队成员均具有高水平的政治技能时，将给团队带来不可估量的正向作用。

2. 研究内容方面

研究首次探索了交叉职能项目团队关系冲突的关键影响因素，确定的关键影响因素包括了个体和团队的不同层面变量。基于关键影响因素，研究从权变、多层次视角探索了交叉职能项目团队关系冲突对项目绩效的影响机理，其中将政治技能作为调节变量，消极情绪作为中介变量。研究结果表明，交叉职能项目团队关系冲突通过消极情绪影响项目绩效，当团队成员具有高水平政治技能时，关系冲突对项目绩效的消极影响减弱。另外，交叉职能项目团队关系冲突不仅影响项目绩效，同时对团队成员工作满意度有跨层次消极影响。研究对未来交叉职能项目团队管理者和研究者有一定的借鉴意义，但是基于文章内容和篇幅有限，进一步探索其他权变因素对“交叉职能项目团队关系冲突—项目绩效”关系的研究还远远不够。因此，未来研究可以基于交叉职能项目团队的关键影响因素，进一步探索不同因素对交叉职能项目团队关系冲突的缓和作用。比如，探索团队成员个体多样性水平、团队任务不确定性、团队成员个体行为等对“交叉职能项目团队关系冲突—项目绩效”关系的影响。

研究还基于图模型理论分析了交叉职能项目团队的管理策略。图模型冲突解决方法中，确定冲突方（决策者）的偏好排序是图模型冲突解决方法的关键。本研究将冲突方的冲突管理方式（竞争、合作）作为冲突方偏好排序和冲突状态转移的主要依据，确定各方的冲突解决偏好排序，进而通过稳定性分析，确定双方最终的冲突稳定策略（冲突解决策略）。研究把冲突方的实际冲突管理行为作为冲突偏好排序的依据，另外研究将冲突双方共同冲突行为决策的结果进行稳定性分析后，确定最优冲突管理策略。研究结果对交叉职能项目团队管理者进行冲突管理具有现实意义。未来研究，可以继续基于图模型冲突解决方法，同时考虑团队成员的态度、情绪或认知等因素，进一步研究关系冲突解决策略。

附录

附录1　交叉职能项目团队关系冲突关键影响因素问卷

关系冲突指团队成员间人际关系的不和谐，即团队成员间产生紧张、愤怒、敌意或其他负面情绪。这些负面情绪会导致团队成员将精力浪费在无谓的人际斗争中而忽视项目整体目标的实现。本研究拟探索交叉职能项目团队关系冲突的关键影响因素，为项目管理者进行冲突管理提供借鉴，为冲突研究者进一步研究关系冲突对项目绩效的影响机制提供理论依据。

问卷答案没有对错之分，您只需根据实际情况填写即可。您的作答将完全保密，请您放心填写。您的答案对我们的研究非常重要，希望您能真实填写。

调查者基本情况

1. 性别

男□　女□

2. 年龄

20 岁以下□　21～30 岁□　31～40 岁□　41～50 岁□　51 岁以上□

交叉职能项目团队关键影响因素题项

作答说明：您只需要根据您的实际经验对以下题项（导致交叉职能项目团队关系冲突的可能程度）作出判断。您的判断分为5个等级：1—非常不符合，2—不符合，3—一般，4—符合，5—非常符合。

1. 种族差异

2. 组织任期

3. 个性特征
4. 兴趣
5. 认知
6. 技巧和能力
7. 需求不确定
8. 时间紧迫性
9. 风险分担
10. 平等的权利
11. 组织规定
12. 表达规则
13. 工作行为
14. 断然拒绝
15. 累积的怨愤
16. 挑剔苛刻
17. 沟通缺乏
18. 辱虐行为

对于您所提供的协助我们表示真诚的感谢！为了保证资料的真实与完整性，请您再花一分钟时间，检查所填问卷以避免错填、漏填。

祝您工作、生活愉快！

附录2　交叉职能项目团队关系冲突、消极情绪与项目绩效

——政治技能的调节作用问卷

交叉职能项目团队关系冲突不可避免，关系冲突引发团队成员人际关系的不相容，进而影响整体项目绩效。本研究探索交叉职能项目团队关系冲突通过消极情绪对项目绩效的影响机制，并探索政治技能对这一消极关系的调节（缓和）作用。特别说明：本问卷的政治技能（political skill）中的“政治”，无关乎国家政治、党派政治。政治技能是个人社会技能（social skill）的一种，是指个人在洞察变化的组织情境、理解组织中他人的基础上，通过一定的行为方式以有效的影响他人，从而达到个人或组织目标的能力。

问卷没有对错之分，您只需根据自己的实际经验填写。您的作答将被完全保密，请您放心并独立填写。您的答案对我们的研究非常重要，希望您能真实填写。您的判断分为5个等级：1—非常不符合，2—不符合，3——一般，4—符合，5—非常符合。

调查者基本情况

1. 性别

男□　女□

2. 团队任期

3~5年□　6~10年□　11~15年□　16~20年□　21~25年□

> 25年□

关系冲突

1. 团队成员间有很多摩擦

2. 团队成员之间的性格冲突很明显

3. 团队成员之间关系很紧张
4. 团队成员间情绪冲突频繁

消极情绪

1. 生气
2. 焦虑
3. 厌恶
4. 畏惧
5. 狂怒

项目绩效

1. 项目完成在预算成本内
2. 项目按时完成
3. 项目满足质量规范要求
4. 项目达到业主要求满意
5. 项目满足用户需求
6. 项目满足其他利益相关方满意

政治技能

1. 我花很多时间和精力与其他人建立联系
2. 我结识很多重要人物并保持与他们不间断的联系
3. 对于我来说，让人觉得我的所作所为很真诚是很重要的
4. 当与别人交流时，我尽可能显得真诚
5. 我本能地知道该如何说、如何做，以达到影响他人的目的
6. 我有良好的直觉，并知道怎样把自己表现给别人
7. 与大多数人建立友善关系，对我来说很容易
8. 我能让周围的人感到轻松而愉快

对于您所提供的协助我们表示真诚的感谢！为了保证资料的真实与完整性，请您再花一分钟时间，检查所填问卷以避免错填、漏填。

祝您工作、生活愉快！

附录3　交叉职能项目团队关系冲突、消极情绪与项目绩效

——跨层次研究问卷

交叉职能项目团队是一个由若干个体组成的临时性项目团体。随着交叉职能项目团队形式的不断拓展和团队结构的日益复杂化，团队内冲突形式的跨层次、交互作用趋势成为必然。本研究从多层次视角分析交叉职能项目团队关系冲突对项目绩效的作用机理。

问卷没有对错之分，您只需根据自己的实际经验填写。您的作答将被完全保密，请您放心并独立填写。您的答案对我们的研究非常重要，希望您能真实填写。您的判断分为5个等级：1—非常不符合，2—不符合，3——一般，4—符合，5—非常符合。

调查者基本情况

1. 性别

男 □　女 □

2. 团队任期

3~5年□　6~10年□　11~15年□　16~20年□　21~25年□

>25年□

3. 教育水平

专科 □　本科 □　研究生及以上 □

关系冲突

1. 团队成员间有很多摩擦
2. 团队成员之间的性格冲突很明显

3. 团队成员之间关系很紧张
4. 团队成员间情绪冲突频繁

消极情绪

1. 生气
2. 焦虑
3. 厌恶
4. 畏惧
5. 狂怒

工作满意度

1. 您在项目团队工作中感到愉快吗
2. 我愿意继续留在项目团队中继续工作

项目绩效

1. 项目完成在预算成本内
2. 项目按时完成
3. 项目满足质量规范要求
4. 项目达到业主要求满意
5. 项目满足用户需求
6. 项目满足其他利益相关方满意

对于您所提供的协助我们表示真诚的感谢！为了保证资料的真实与完整性，请您再花一分钟时间，检查所填问卷以避免错填、漏填。

祝您工作、生活愉快！

参考文献

[1] 宝贡敏．企业成长与竞争战略管理——基于我国经济与文化特点的分析．太原：山西人民出版社，2004.

[2] 陈学军，王重鸣．绩效模型的最新研究进展［J］. 心理科学，2001，24（6）：737－738.

[3] 陈振娇，赵定涛，魏昕．团队关系冲突对知识共享影响机制的实证研究［J］. 科技进步与对策，2012，29（7）：122－126.

[4] 韩飞，郭丽芳．企业科技创新团队冲突与绩效关系研究［J］. 科技管理研究，2014，（2）：70－74.

[5] 韩雪山，徐海燕．基于冲突分析图模型的技术转移冲突的研究［J］. 科技与经济，2012，25（5）：72－76.

[6] 郎淳刚，席酉民，郭士伊．团队内冲突对团队决策质量和满意度影响的实证研究［J］. 管理评论，2007，19（7）：10－15.

[7] 廖成林，袁艺．基于社会认知理论的企业内知识分享行为研究［J］. 科技进步与对策，2009，26（3）：137－139.

[8] 刘红云，张雷，孟庆茂．教师集体效能量表的修订［J］. 应用心理学，2004，10（1）：28－32.

[9] 刘军，吴隆增，许浚．政治技能的前因与后果：一项追踪实证研究

[J]. 管理世界, 2010, (11): 94-104.

[10] 刘咏梅, 车小玲, 卫旭华. 基于IPO模型的团队多样性-冲突-绩效权变模型的元分析 [J]. 心理科学, 2014, 37 (2): 425-432.

[11] 芦慧, 王富奇, 王永胜, 等. 中国传统文化背景下的项目团队冲突管理 [J]. 科学学与科学技术管理, 2006, (7): 161-164.

[12] 梅强, 徐胜男. 高层管理团队异质性、团队冲突和创业绩效的关系研究——以冲突管理为调节变量 [J]. 经济与管理研究, 2012, (6): 94-107.

[13] 荣泰生. 企业研究方法. 北京: 中国税务出版社, 2005.

[14] 王国锋, 李懋, 井润田. 高管团队冲突、凝聚力与决策质量的实证研究 [J]. 南开管理评论, 2007, 10 (5): 89-93.

[15] 卫旭华, 刘咏梅, 车小玲. 关系冲突管理: 团队效能感和团队情绪智力的调节作用 [J]. 系统管理学报, 2015, 24 (1): 138-145.

[16] 温钟麟, 吴艳. 潜变量交互效应建模方法演变与简化 [J]. 心理科学进展, 2010, 18 (8): 1306-1313.

[17] 吴光东, 施建刚, 唐代中. 工程项目团队动态特征、冲突维度与项目成功关系实证 [J]. 管理工程学报, 2012, 26 (4): 49-57.

[18] 吴云, 周青. 团队冲突的非合作博弈分析 [J]. 科技管理研究, 2012, (23): 143-146.

[19] 夏瑞卿, 杨忠. 社会认知视角的知识共享行为研究 [J]. 情报杂志, 2013, 32 (11): 196-201.

[20] 向常春, 龙立荣. 团队内冲突对团队效能的影响及作用机制 [J]. 心理学进展, 2010, 18 (5): 781-789.

[21] 张雷, 雷雳, 郭伯良. 多层线性模型应用. 北京: 教育科学出版社, 2003.

[22] 张良久, 周晓东. 高层管理团队冲突: 一个动态的分析模型 [J]. 软科学, 2006, 20 (3): 69-72.

[23] 周明建，侍水生．领导—成员交换差异与团队关系冲突：道德型领导力的调节作用 [J]. 南开管理评论，2013，(2)：26 – 35.

[24] 张勇，龙立荣，巩天雷，等．冲突处理风格量表 ROCI – Ⅱ在中国背景下的有效性研究 [J]. 管理评论，2012，24 (1)：108 – 115.

[25] Aiken L S, West S G. Multiple regression: Testing and interpreting interactions, 1991.

[26] Al – Sobiei O S, Arditi D, Polat G. Managing owner's risk of contractor default [J]. Journal of Construction Engineering and Management, 2005, 131 (9): 973 – 978.

[27] Alvarez S A, Busenitz L W. The entrepreneurship of resource-based theory [J]. Journal of management, 2001, 27 (6): 755 – 775.

[28] Amason A C. Distinguishing the effects of functional and dysfunctional conflict on strategic decision making: Resolving a paradox for top management teams [J]. Academy of Management Journal, 1996, 39 (1): 123 – 148.

[29] Amason A C, Sapienza H J. The effects of top management team size and interaction norms on cognitive and affective conflict [J]. Journal of Management, 2007, 23 (4): 495 – 516.

[30] Anthony E L, Green S G, McComb S A. Crossing functions above the cross-functional project team: The value of lateral coordination among functional department heads [J]. Journal of Engineering and Technology Management, 2014, 31: 141 – 158.

[31] Armstrong J S, Overton T S. Estimating nonresponse bias in mail surveys [J]. Journal of Marketing Research, 1977, 14 (3): 396 – 402.

[32] Bagozzi R P, Yi Y, Phillips L W. Assessing construct validity in organizational research [J]. Administrative Science Quarterly, 1991, 36 (3): 421 – 458.

[33] Bandura A. Social Foundations of Thought and Action: a Social Cogni-

tive Theory. Prentice Hall, 1985.

[34] Barclay D, Higgins C, Thompson R. The partial least squares (PLS) approach to causal modeling: Personal computer adoption and use as an illustration [J]. Technology Studies, 1995, 2 (2): 285 - 309.

[35] Barker M. Self-care and relationship conflict [J]. Sexual and Relationship Therapy, 2010, 25 (1): 37 - 47.

[36] Barki H, Hartwick J. Conceptualizing the construct of interpersonal conflict [J]. International Journal of Conflict Management, 2004, 15 (3): 216 - 244.

[37] Baron R M, Kenny D A. The moderator-mediator variable distinction in social psychological research: Conceptual, strategic, and statistical considerations [J]. Journal of Personality and Social Psychology, 51, 1986, 1173 - 1182.

[38] Barrick M R, Stewart G L, Neubert M J, et al. Relating member ability and personality to work-team processes and team effectiveness [J]. Journal of Applied Psychology, 1998, 83 (3): 377 - 391.

[39] Baykasoglu A, Dereli T, Das S, Project team selection using fuzzy optimization approach, Cybernetics and Systems: An International Journal, 2007, 38 (2): 155 - 185.

[40] Behrendt H, Ben - Ari R. The Positive Side of Negative Emotion: The Role of Guilt and Shame in Coping with Interpersonal Conflict [J]. Journal of Conflict Resolution, 2012, 56 (6): 1116 - 1138.

[41] Bentler P M. Theory and implementation of EQS: A structural equations program. Newbury Park, CA, Sage, 1985.

[42] Bishop S K. Cross-functional project teams in functionally aligned organizations [J]. Project Management Journal, 1999, 30 (3): 6 - 12.

[43] Blader S L, Tyler T R. Testing and extending the group engagement model: Linkages between social identity, procedural justice, exonomic outcomes

and extrarole behavior [J]. Journal of Applied Psychology, 2009, 94 (2): 445 - 464.

[44] Blake R R, Shepard H A, Mouton J S. Managing Intergroup Conflict in industry. Gulf Houston, TX, Publishing Company, 1964.

[45] Blickle G, Diekmann C, Schneider P B, et al. When modesty wins: Impression management through modesty, political skill, and career success-a two-study investigation [J]. European Journal of Work and Organizational Psychology, 2012, 21 (6): 899 - 922.

[46] Bliese P D. Within-group agreement, non-independence, and reliability: implications for data aggregation and analysis. in Klein K J, Kozlowski S W J (Eds.), Multilevel Theory, Research and Methods in Organizations, San Francisco, CA, Jossey - Bass, 2000, 349 - 381.

[47] Brockman J L. Interpersonal conflict in construction: Cost cause and consequence [J]. Journal of Construction Engineering and Management, 2014, 140 (2): 1 - 12.

[48] Brown S P, Cron W L, Slocum Jr J W. Effects of goal-directed emotions on salesperson volitions, behavior, and performance: A longitudinal study [J]. The Journal of Marketing, 1997, 61 (1): 39 - 50.

[49] Browne M W, Cudeck R. Alternative ways of assessing model fit. In Bollen K A, Long J S (Eds), Testing structural equation models. Newbury Park, CA, Sage, 1993: 136 - 162.

[50] Byrne B M. Structural equation modeling with EQS and EQS/Windows: Basic concepts, applications, and programming. Thousand Oaks, CA, Sage, 1994.

[51] Cai D, Fink E. Conflict style differences between individualists and collectivists [J]. Communication Monographs, 2002, 69 (1): 67 - 87.

[52] Camelo - Ordaz C, García - Cruz J, Sousa - Ginel E. Antecedents of relationship conflict in top management teams [J]. International Journal of Conflict

Management, 2014, 25 (2): 124 - 147.

[53] Castano E, Yzerbyt B Y. The highs and lows of group homogeneity [J]. Behavioral Processes , 1998, 42 (2): 219 - 238.

[54] Chan K W, Huang X, Ng P M. Managers' conflict management styles and employee attitudinal outcomes: The mediating role of trust [J]. Asia Pacific Journal of Management, 2008, 25 (2): 277 - 295.

[55] Chen C J. Information technology organizational structure and new product development: The mediating effect of cross-functional team interaction [J]. IEEE Transactions on Engineering Management, 2007, 54 (4): 687 - 698.

[56] Chen G, Bliese P D, Mathieu J E. Conceptual framework and statistical procedures for delineating and testing multilevel theories of homology [J]. Organizational Research Methods, 2005, 8 (4): 375 - 409.

[57] Chen G, Klimoski R J. The impact of expectations on newcomer performance in teams as mediated by work characteristics, social exchanges, and empowerment [J]. Academy of Management Journal, 2003, 46 (5): 591 - 607.

[58] Chen W T, Chen T T, Sheng Lu C, et al. Analyzing relationships among success variables of construction partnering using structural equation modeling: A case study of Taiwan's construction industry [J]. Journal of Civil Engineering and Management, 2012, 18 (6): 783 - 794.

[59] Cheung C C, Chuah K. Conflict management styles in Hong Kong industries [J]. International Journal of Project Management, 1999, 17 (6): 393 - 399.

[60] Chin W. The partial least squares approach to structural equation modeling. In: Marcoulides G A (Ed.), Modern Methods for Business Research. Lawrence Erlbaum Associates, Manwah, NJ, 1998, 295 - 336.

[61] Chopin S M, Danish S J, Seers A, et al. Effects of mentoring on the development of leadership self-efficacy and political skill [J]. Journal of Leadership

Studies, 2012, 6 (3): 17 -32.

[62] Cohen S G, Bailey D E. What makes teams work: Group effectiveness research from the shop floor to the executive suite [J]. Journal of Management, 1997, 23 (3): 239 -290.

[63] Cooke - Davies T. The 'real' success factors on projects [J]. International Journal of Project Management, 2002, 20 (3): 185 -190.

[64] Cron W L, Slocum Jr J W, VandeWalle D, et al. The role of goal orientation on negative emotions and goal setting when initial performance falls short of one's performance goal [J]. Human Performance, 2005, 18 (1): 55 -80.

[65] Dawes P L, Massey G R. Antecedents of conflict in marketing's cross-functional relationship with sales [J]. European Journal of Marketing, 2005, 39 (11/12): 1327 -1344.

[66] De Dreu C K, Van Vianen A E. Managing relationship conflict and the effectiveness of organizational teams [J]. Journal of Organizational Behavior, 22 (3): 2001, 309 -328.

[67] De Dreu C K. When too little or too much hurts: Evidence for a curvilinear relationship between task conflict and innovation in teams [J]. Journal of Management, 2006, 32 (1): 83 -107.

[68] De Dreu C K, Weingart L R. Task versus relationship conflict, team performance, and team member satisfaction: A meta-analysis [J]. Journal of Applied Psychology, 2003, 88 (4): 741 -749.

[69] Deutsch M. A theory of cooperation and competition [J]. Human Relations, 1949, 2 (2): 129 -152.

[70] De Wit F R C, Greer L L, Jehn K A. The paradox of intragroup conflict: A meta-analysis [J]. Journal of Applied Psychology, 2012, 97 (2): 360 -390.

[71] Earley P C, Gibson C B. Taking stock in our progress on individualism-

collectivism: 100 years of solidarity and community [J]. Journal of Management, 1998, 24 (3): 265 - 304.

[72] Ekman P. Cross-culture studies of facial expression. InEkman P (Ed.), Darwin and facial expression: A century of research in review. New York, Academic Press, 1973, 169 - 222.

[73] Fang L, Hipel K W, Kilgour D M. Interactive Decision Making: The Graph Model for Conflict Resolution, New York, NY, Wiley, 1993.

[74] Ferris G R, Davidson S L, Perrewé P L. Political skill at work: Impact on work effectiveness. Mountain View, CA, Davis - Black, 2005.

[75] Ferris G R, Perrewé P L, Douglas C. Social effectiveness in organizations: construct validity and research directions [J]. Journal of Leadership and Organizational Studies, 2002, 9 (1): 49 - 63.

[76] Ferris G R, Treadway D C, Perrewé P L, et al. Political skill in organizations [J]. Journal of Management, 2007, 33 (3): 290 - 320.

[77] Fiske S T, Taylor S E. Social cognition: From brains to culture. New York, McGraw - Hill, 2008.

[78] Fornell C, Larcker D F. Evaluating structural equation models with unobservable variables and measurement error [J]. Journal of Marketing Research, 1981, 18 (1): 39 - 50.

[79] Fraser N M, Hipel K W. Confict Analysis: Models and Resolutions, North - Holland, New York, 1984.

[80] Frijda N H. Emotions are functional, most of the time", in Ekman P, Davidson R J (Eds.), The Nature of Emotions, New York, Oxford University Press, 1994: 112 - 122.

[81] Gayle B M, Preiss R W. Assessing emotionality in organizational conflicts [J]. Management Communication Quarterly, 1998, 12 (2): 280 - 302.

[82] Griffin A, Hauser J R. Integrating R&D and marketing: A review and

analysis of the literature [J]. Journal of Product Innovation Management, 1996, 13 (3): 191 -215.

[83] Guerra J M, Martínez I, Munduate L, et al. A contingency perspective on the study of the consequences of conflict types: The role of organizational culture [J]. European Journal of Work and Organizational Psychology, 2005, 14 (2): 157 -176.

[84] Hair J F, Anderson R E, Tatham R L, et al. Multivariate data analysis. Upper Saddle River, NJ, Prentice - Hall, 1995.

[85] Hanna A S, Thomas G, Swanson J R. Construction risk identification and allocation: Cooperative approach [J]. Journal of Construction Engineering and Management, 2013, 139 (9): 1098 -1107.

[86] Harris K J, Harvey P, Kacmar K M. Abusive supervisory reactions to coworker relationship conflict [J]. The Leadership Quarterly, 2011, 22 (5): 1010 -1023.

[87] Harrison D A, Price K H, Gavin J H, et al. Time teams and task performance: Changing effects of surface-and deep-level diversity on group functioning [J]. Academy of Management Journal, 2002, 45 (5): 1029 -1045.

[88] Hipel K W. Confict resolution. In: Encyclopedia of life systems (EOLSS), Oxford, UK, EOLSS Publishers, 2002.

[89] Hofmann D A. Issues in multilevel researeh: Theory development, measurement, and analysis [A]. In Rogelberg S G. (Ed.), Handbook of Researeh Methods in Industrial & Organizational Psyehology [C]. Blackwell Publishers, 2002: 247 -274.

[90] Hofstede G. Culture's Consequences: International Differences in Work-related Values, Beverly Hills, CA, Sage, 1980.

[91] Hogg M A, Terry D J. Social identity and self-categorization processes in organizational contexts [J]. Academy of Management Review, 2000, 25 (1):

121 -140.

[92] Holland S, Gaston K, Gomes J. Critical success factors for cross-functional teamwork in new product development [J]. International Journal of Management Reviews, 2000, 2 (3): 231 -259.

[93] Hon C K, Chan A P, Yam M C. Determining safety climate factors in the repair maintenance minor alteration and addition sector of Hong Kong [J]. Journal of Construction Engineering and Management, 2012, 139 (5): 519 - 528.

[94] Howard N. Paradoxes of rationality: Theory of metagames and political behavior, Cambridge, Mass, MIT Press, 1971.

[95] Huang J C. The relationship between conflict and team performance in Taiwan: the moderating effect of goal orientation [J]. International Journal of Human Resource Management, 2012, 23 (10): 2126 -2143.

[96] Huang J C. Unbundling task conflict and relationship conflict: The moderating role of team goal orientation and conflict management [J]. International Journal of Conflict Management, 2010, 21 (3): 334 -355.

[97] Iorio J, Taylor J E. Boundary object efficacy: The mediating role of boundary objects on task conflict in global virtual project networks [J]. International Journal of Project Management, 2014, 32 (1): 7 -17.

[98] Ismail K M, Richard O C, Taylor E C. Relationship conflict in supervisor-subordinat dyads: A subordinate perspective [J]. International Journal of Conflict Management, 2012, 23 (2): 192 -218.

[99] James L R, Demaree R G, Wolf G. Estimating within-group interrater reliability with and without response bias [J]. Journal of Applied Psychology, 1984, 69 (1): 85 -98.

[100] Janssen O, Xu H. Us and me: Team identification and individual differentiation as complementary drivers of team members' citizenship and creative be-

haviors [J]. Joumal of Management, 2008, 34 (1): 69 – 88.

[101] Jehn K A. A multimethod examination of the benefits and detriments of intragroup Conflict [J]. Administrative Science Quarterly, 1995, 40 (2): 256 – 282.

[102] Jehn K A, Chadwick C, Thatcher S M B. To agree or not to agree: The effects of value congruence, individual demographic dissimilarity, and conflict on workgroup outcomes [J]. International Journal of Conflict Management, 1997, 8 (4): 287 – 305.

[103] Jehn K A, Bendersky C. Intragroup conflict in organizations: A contingency perspective on the conflict-outcome relationship [J]. Research in Organizational Behavior, 2003, 25: 187 – 242.

[104] Jehn K A, Mannix E A. The dynamic nature of conflict: a longitudinal study of intragroup conflict and group performance [J]. Academy of Management Journal, 2001, 44 (2): 238 – 251.

[105] Jiang J Y, Zhang X, Tjosvold D. Emotion regulation as a boundary condition of the relationship between team conflict and performance: A multi-level examination [J]. Journal of Organizational Behavior, 2013, 34 (5): 714 – 734.

[106] Jöreskog K G, Sörbom D. LISREL 8: Structural Equation Modeling with the SIMPLIS Command Language. Chicago, IL, Scientific Software International, 1993.

[107] Ke G Y, Fu B, De M, et al. A hierarchical multiple criteria model for eliciting relative preferences in confict situations [J]. Journal of Systems Science and Systems Engineering, 2012, 21 (1): 56 – 76.

[108] Ke G Y, Li K W, Hipel K W. An integrated multiple criteria preference ranking approach to the Canadian west coast port congestion confict [J]. Expert Systems with Applications, 2012, 39 (10): 9181 – 9190.

[109] Khan M S, Breitenecker R J, Schwarz E J. Adding fuel to the fire:

Need for achievement diversity and relationship conflict in entrepreneurial teams [J]. Management Decision, 2015, 53 (1): 75 - 99.

[110] Kiefer T. Feeling bad: antecedents and consequences of negative emotions in ongoing change [J]. Journal of Organizational Behavior, 2005, 26 (8): 875 - 897.

[111] Kilgour D M, Hipel K W, Fang L. The graph model for conflicts [J]. Automatica, 1987, 23 (1): 41 - 55.

[112] Kilgour D M, Hipel K W, Fang L, et al. Coalition analysis in group decision support [J]. Group Decision and Negotiation, 2001, 10 (2): 159 - 175.

[113] Kim D Y, Han S H, Kim H, et al. Structuring the prediction model of project performance for international construction projects: A comparative analysis [J]. Expert Systems with Applications, 2009, 36 (2): 1961 - 1971.

[114] Kirkbride P S, Tang S F, Westwood R I. Chinese conflict preferences and negotiating behaviour: Cultural and psychological influences [J]. Organization studies, 1991, 12 (3): 365 - 386.

[115] Kissi J, Dainty A, Tuuli M. Examining the role of transformational leadership of portfolio managers in project performance [J]. International Journal of Project Management, 2013, 31 (4): 485 - 497.

[116] Korsgaard A M, Soyoung Jeong S, Mahony D M, et al. A multilevel view of intragroup conflict [J]. Journal of Management, 2008, 34 (6): 1222 - 1252.

[117] Kozlowski S W J, Klein K J. A multilevel approach to theory and research in organizations: Contextual, temporal, and emergent proeesses [A]. In Klein K J, Kozlowski S W J (Eds.), Multilevel Theory, Researeh, and Methods in Organizations: Foundations, Extensions, and New Directions [C]. San Francisco: Jossey - Bass, 2000: 3 - 90.

[118] Kreft I, De Leeuw J. Introducing multilevel modeling. London, Sage, 1998.

[119] Kuprenas J A, Nasr E H B. Personalities of construction project managers: A link to high performance teams. in Construction Congress VI@ sBuilding Together for a Better Tomorrow in an Increasingly Complex World. ASCE, 2000, 1112 - 1119.

[120] Laird M D, Zboja J J, Martinez A D, et al. Performance and political skill in personal reputation assessments [J]. Journal of Managerial Psychology, 2013, 28 (6): 661 - 676.

[121] Lau R S, Cobb A T. Understanding the connections between relationship conflict and performance: the intervening roles of trust and exchange [J]. Journal of Organizational Behavior, 2010, 31 (6): 898 - 917.

[122] Lavoie K L, Miller S B, Conway M, et al. Anger, negative emotions, and cardiovascular reactivity during interpersonal conflict in women [J]. Journal of Psychosomatic Research, 2001, 51 (3): 503 - 512.

[123] Lawrence B. The black box of organizational demography [J]. Organization Science, 1997, 8 (1): 1 - 22.

[124] Lawrence P R, Lorsch J W. Differentiation and integration in complex organizations [J]. Administrative Science Quarterly, 1967, 12 (1): 1 - 47.

[125] Lazarus R S, Folkman S. Stress, Coping, and Adaptation. NewYork, Springer, 1984.

[126] Lazarus R S. Emotion and adaptation, Oxford, Oxford University Press, 1991.

[127] LePine J A, Van Dyne L. Voice and cooperative behavior as contrasting forms of contextual performance: Evidence of differential relationships with big five personality characteristics and cognitive ability [J]. Joumalof Applied Psyehology, 2001, 86 (2): 326 - 336.

[128] Leung K, Brew F P, Zhang Z X, et al. Harmony and conflict: A cross-cultural investigation in China and Australia [J]. Journal of Cross – Cultural Psychology, 2011, 42 (5): 795 – 816.

[129] Leung T K P, Ricky Yee – Kwong C. Face, favour and positioning a Chinese power game [J]. European Journal of Marketing, 2003, 37 (11/12): 1575 – 1598.

[130] Liang T P, Jiang J, Klein G S, et al. Software quality as influenced by informational diversity, task conflict, and learning in project teams [J]. IEEE Transactions on Engineering Management, 2010, 57 (3): 477 – 487.

[131] Li F, Zhou F, Leung K. Expecting the worst: Moderating effects of social cynicism on the relationships between relationship conflict and negative affective reactions [J]. Journal of Business and Psychology, 2011, 26 (3): 339 – 345.

[132] Linberg K R. Software developer perceptions about software project failure: A case study [J]. Journal of Systems and Software, 1999, 49 (2): 177 – 192.

[133] Lindell M K, Whitney D J. Accounting for common method variance in cross-sectional research designs [J]. Journal of Applied Psychology, 2001, 86 (1): 114 – 121.

[134] Lin W L, Tsai P H, Lin H Y, et al. How does emotion influence different creative performances? The mediating role of cognitive flexibility [J]. Cognition & Emotion, 2014, 28 (5): 834 – 844.

[135] Liu J Y C, Chen H G, Chen C C, et al. Relationships among interpersonal conflict, requirements uncertainty, and software project performance [J]. International Journal of Project Management, 2011, 29 (5): 547 – 556.

[136] Ma Z, Liang D, Erkus A, et al. The impact of group-oriented values on choice of conflict management styles and outcomes: an empirical study in Turkey

[J]. The International Journal of Human Resource Management, 2012, 23 (18): 3776 - 3793.

[137] Mahalingam A, Levitt R E. Institutional theory as a framework for analyzing conflicts on global projects [J]. Journal of Construction Engineering and Management, 2007, 133 (7): 517 - 528.

[138] Manyak T G, Wasswa Katono I. Conflict management style in Uganda: A gender perspective [J]. Gender in Management: An International Journal, 2010, 25 (6): 509 - 521.

[139] Martínez - Moreno E, González - Navarro P, Zornoza A, et al. Relationship, task and process conflicts on team performance: The moderating role of communication media [J]. International Journal of Conflict Management, 2009, 20 (3): 251 - 268.

[140] Mason C H, Perreault, W. D Jr. Collinearity, power, and interpretation of multiple regression analysis. Journal of Marketing Research, 1991, 28 (3): 268 - 280.

[141] McCann C D, Ostrom T M, Tyner L K, et al. Person perception in heterogeneous groups [J]. Journal of Personality and Social Psychology, 1985, 49 (6): 1449 - 1459.

[142] McFarlan F W. Portfolio approach to information-systems [J]. Harvard Business Review, 1981, 59 (5): 142 - 150.

[143] Meisler G. Exploring emotional intelligence, political skill, and job satisfaction [J]. Employee Relations, 2014, 36 (3): 280 - 293.

[144] Meurs J A, Gallagher V C, Perrewé P L. The role of political skill in the stressor-outcome relationship: Differential predictions for self-and other-reports of political skill [J]. Journal of Vocational Behavior, 2010, 76 (3): 520 - 533.

[145] Mintzberg H. Power in and Around Organizations. Englewood Cliffs, NJ, Prentice - Hall, 1983.

[146] Mintzberg H. The organization as political aren [J]. Journal of Management Studies, 1985, 22 (2): 133 – 154.

[147] Moberg P J. Linking confict strategy to the five-factor model: Theoretical and empirical foundations [J]. International Journal of Confict Management, 2001, 12 (1): 47 – 68.

[148] Mohammed S, Angell L C. Surface and deep-level diversity in workgroups: Examining the moderating effects of team orientation and team process on relationship conflict [J]. Journal of Organizational Behavior, 2004, 25 (8): 1015 – 1039.

[149] Molenaar K, Washington S, Diekmann J. Structural equation model of construction contract dispute potential [J]. Journal of Construction Engineering and Management, 2000, 126 (4): 268 – 277.

[150] Montes C, Rodríguez D, Serrano G. Affective choice of conflict management styles [J]. International Journal of Conflict Management, 2012, 23 (1): 6 – 18.

[151] Mooney A C, Holahan P J, Amason A C. Don' t take it personally: Exploring cognitive conflict as a mediator of affective conflict [J]. Journal of Management Studies, 2007, 44 (5): 733 – 758.

[152] Mulki J P, Jaramillo F, Goad E A, Pesquera M R. Regulation of emotions, interpersonal conflict, and job performance for salespeople [J]. Journal of Business Research, 2015, 68 (3): 623 – 630.

[153] Muller D, Judd C, Yzerbyt V. When moderation is mediated and mediation is moderated [J]. Journal of Personality and Social Psychology, 2005, 89 (6): 852 – 863.

[154] Munyon T P, Summers J K, Thompson K M, et al. Political skill and work outcomes: A theoretical extension, meta-analytic investigation, and agenda for the future [J]. Personnel Psychology, 2015, 68 (1): 143 – 184.

[155] Neuman G A, Wright J. Team effectiveness: beyond skills and cognitive ability [J]. Journal of Applied Psychology, 1999, 84 (3): 376 – 389.

[156] Noordin F, Williams T, Zimmer C. Career commitment in collectivist and individualist cultures: A comparative study [J]. International Journal of Human Resource Management, 2002, 13 (1): 35 – 54.

[157] Obeidi A, Kilgour D M, Hipel K W. Perceptual graph model systems [J]. Group Decis and Negotiation, 2009, 18 (3): 261 – 277.

[158] Parkinson B. Ideas and realities of emotion. Routledge, London, 1995.

[159] Pee L G, Kankanhalli A, Hee – Woong K I M. Knowledge sharing in information systems development: A social interdependence perspective [J]. Journal of the Association for Information Systems, 2010, 11 (10): 550 – 575.

[160] Pelled L H. Relational demography and perceptions of group conflict and performance: A field investigation [J]. International Journal of Conflict Management, 1996, 7 (3): 230 – 246.

[161] Pelled L H, Adler P S. Antecedents of intergroup conflict in multifunctional product development teams: A conceptual model [J]. IEEE Transactions on Engineering Management, 1994, 41 (1): 21 – 28.

[162] Pelled L H, Eisenhardt K M, Xin K R. Exploring the black box: An analysis of work group diversity, conflict, and performance [J]. Administrative Science Quarterly, 1999, 44 (1): 1 – 28.

[163] Perrewé P L, Rossi A M, Kacmar C J, et al. Hochwarter W A. Political skill: An antidote in the role overload-strain relationship [J]. Journal of Occupational Health Psychology, 2005, 10 (3): 239 – 250.

[164] Perrewé P L, Zellars K L, Ferris G R, et al. Neutralizing job stressors: Political skill as an antidote to the dysfunctional consequences of role conflict [J]. Academy of Management Journal, 2004, 47 (1): 141 – 152.

[165] Posthuma R, Montes C, Rodríguez D, et al. Affective choice of conflict management styles [J]. International Journal of Conflict Management, 2012, 23 (1): 6-18.

[166] Pulakos E D, Arad S, Donovan M A, et al. Adaptability in the work place: Development of a taxonomy of adaptive performance [J]. Journal of Applied Psychology, 2000, 85 (4): 612-624.

[167] Putnam L L, Folger J P. Communication conflict and dispute resolution: The study of interaction and the development of conflict theory [J]. Communication Research, 1988, 15 (4): 349-359.

[168] Putnam L L, Poole M S. Conflict and negotiation [A]. In Jablin F M, Putnam L L, Roberts K H, et al. (Eds.), Handbook of Organizational Communication: An Inter disciplinary perspective [C]. NewburyPark, CA, Sage, 1987: 549-599.

[169] Qian C, Cao Q. Takeuchi R. Top management team functional diversity and organizational innovation in China: the moderating effects of environment [J]. Strategic Management Journal, 2013 (34): 110-120.

[170] Raftery J N, Bizer G Y. Negative feedback and performance: The moderating effect of emotion regulation [J]. Personality and Individual Differences, 2009, 47 (5): 481-486.

[171] Rahim M A, Bonoma T V. Managing organizational conflict: A model for diagnosis and intervention [J]. Psychological Reports, 1979, 44: 1323-1344.

[172] Rahim M A, Magner N R. Confirmatory factor analysis of the styles of handling interpersonal conflict: First-order factor model and its invariance across groups [J]. Journal of Applied Psychology, 1995, 80 (1): 122-132.

[173] Reich B H, Gemino A, Sauer C. How knowledge management impacts performance in projects: an empirical study [J]. International Journal of Project

Management, 2014, 32 (4): 590 - 602.

[174] Ren H, Gray B. Repairing relationship conflict: How violation types and culture influence the effectiveness of restoration rituals [J]. Academy of Management Review, 2009, 34 (1): 105 - 126.

[175] Robbins S P. Organization Behavior. 北京: 清华大学出版社, 2001.

[176] Robinson O, Griffiths A. Coping with the stress of transformational change in a government department [J]. Journal of Applied Behavioral Science, 2005, 41 (2): 204 - 221.

[177] Rousseau D M. Issues of level in organizational research: Multi-level and cross-level perspectives [J]. Research in Organizational Behavior, 1985, 7: 1 - 37.

[178] Santos C M, Passos A M. Team mental models, relationship conflict and effectiveness over time [J]. Team Performance Management, 2013, 19 (7): 363 - 385.

[179] Sarker S, Ahuja M, Sarker S, et al. The role of communication and trust in global virtual teams: A social network perspective [J]. Journal of Management Information Systems, 2011, 28 (1): 273 - 310.

[180] Seo M, Bartunek J M, Barrett L F. The role of affective experience in work motivation: test of a conceptual model [J]. Journal of Organizational Behavior, 2010, 31 (7): 951 - 968.

[181] Sharma S. Chapter 5: Factor analysis. In Applied multivariate techniques. New York, Wiley, 1996: 116 - 123.

[182] Simons T L, Peterson R S. Task conflict and relationship conflict in top management teams: The pivotal role of intragroup trust [J]. Journal of Applied Psychology, 2000, 85 (1): 102 - 111.

[183] Smith D M, Edmondson A C. Too hot to handle? How to manage rela-

tionship conflict [J]. California Management Review, 2006, 49 (1): 6-31.

[184] Song M, Dyer B, Thieme R J. Conflict management and innovation performance: An integrated contingency perspective [J]. Journal of the Academy of Marketing Science, 2006, 34 (3): 341-356.

[185] Stephens J P, Heaphy E D, Carmeli A, et al. Relationship quality and virtuousness emotional carrying capacity as a source of individual and team resilience [J]. Journal of Applied Behavioral Science, 2013, 49 (1): 13-41.

[186] Sundstrom E, De Meuse K P, Futrell D. Work teams: Applications and effectiveness [J]. American Psychologist, 1990, 45 (2): 120-133.

[187] Tajfel H. Human groups and social categories: Studies in social psychology. Cambridge, England, Cambridge University Press, 1981.

[188] Tajfel H, Turner J C. The social identity theory of intergroup behavior. In Worchel S, Austin W G (Eds.), Psychology of intergroup relations. Chicago, Nelson-Hall, 1985: 7-24.

[189] Tekleab A G, Quigley N R. Team deep-level diversity relationship conflict and team members' affective reactions: A cross-level investigation [J]. Journal of Business Research, 2014, 67 (3): 394-402.

[190] Tepper B J, Moss S E, Duffy M K. Predictors of abusive supervision: Supervisor perceptions of deep-level dissimilarity, relationship conflict, and subordinate performance [J]. Academy of Management Journal, 2011, 54 (2): 279-294.

[191] Thomas K W. Conflict and negotiation Process in Organizations. In Dunnette M D, Hough L M (eds.), Handbook of Industrial and Organizational Psychology, 2nd ed., Palo Alto, CA: Consulting Psychologists Press, 1992: 651-717.

[192] Thomas K W. Conflict and Conflict Management. In Dunnette M (Eds.), Handbook of industrial and organizational psychology. Chicago, IL:

Rand McNally, 1976: 889 - 935.

[193] Trompenaars F, Hampden - Turner C. Managing people across cultures. Chichester, Capstone, 2004.

[194] Tsui A S, Egan T, O' Reilly C A. Being different: Relational demography and organizational attachment [J]. Administrative Science Quarterly, 1992, 37 (4): 549 - 579.

[195] Tsui A S, Egan T D, Xin K R. Diversity in organizations: Lessons from demography research. InChembers M, Oskamp S, Costanso M A (Eds.), Diversity in organizations: New perspectives for a changing workplace. London, Sage Publications, 1995: 191 - 219.

[196] Tsai J S, Chi C S. Influences of Chinese cultural orientations and conflict management styles on construction dispute resolving strategies [J]. Journal of Construction Engineering and management, 2009, 135 (10): 955 - 964.

[197] Tsai Y. Relationship between organizational culture leadership behavior and job satisfaction [J]. BMC Health Services Research, 2011, 11 (1): 1 - 9.

[198] Turner J C, Social categorization and the self-concept: A social cognitive theory of group behavior. In Lawler E J (Ed.), Advances in group processes: Theory and research. Greenwich, CT, JAI Press, 1985, 2: 77 - 121.

[199] Turner J C, Haslam S A. Social identity, organizations and leadership. In Turner M E. (Ed.), Groups at work: Theory and research. New Jersey, Lawrence Erlbaum Associates, 2001: 25 - 65.

[200] Van Woerkom M, Van Engen M L. Learning from conflicts? The relations between task and relationship conflicts, team learning and team performance [J]. European Journal of Work and Organizational Psychology, 2009, 18 (4): 381 - 404.

[201] Vigoda - Gadot E, Meisler G. Emotions in management and the management of emotions: The impact of emotional intelligence and organizational poli-

tics on public sector employees [J]. Public Administration Review, 2010, 70 (1): 72-86.

[202] Wall J A Jr, Callister R R. Conflict and its management [J]. Journal of Management, 1995, 21 (3): 515-558.

[203] Wall S, lepspinger R. Cross-functional obstacles. Training, May, 125-126.

[204] Waller M J, Conte J M, Gibson C B, et al. The effect of individual perceptions of deadlines on team performance [J]. Academy of Management Review, 2001, 26 (4): 586-600.

[205] Webber S S. Leadership and trust facilitating cross-functional team success [J]. Journal of Management Development, 2002, 21 (3): 201-214.

[206] Weider-Hatfield D. Assessing the Rahim Organizational Conflict Inventory-II (ROCI-II) [J]. Management Communication Quarterly, 1988, 1 (3): 350-366.

[207] Weiss J, Hughes J. Want collaboration [J]. Harvard Business Review, 2005, 83 (3): 93-101.

[208] Welbourne T M, Johnson D E, Erez A. The role-based performance scale: Validity analysis of a theory-based measure [J]. Academy of Management Journal, 1998, 41 (5): 540-555.

[209] Witteman H. Analyzing interpersonal conflict: Nature of awareness, type of initiating event, situational perceptions, and management styles. Western Journal of Communication, 1992, 56 (3): 248-280.

[210] Wong A, Tjosvold D. Guanxi and conflict management for effective partnering with competitors in China [J]. British Journal of Management, 2010, 21 (3): 772-788.

[211] Xin Z, Chi L, Yu G. The relationship between interparental conflict and adolescents' affective well-being: Mediation of cognitive appraisals and moder-

ation of peer status [J]. International Journal of Behavioral Development, 2009, 33 (5): 421 -429.

[212] Yang L R, Chen J H, Wang X L. Assessing the effect of requirement definition and management on performance outcomes: Role of interpersonal conflict, product advantage and project type [J]. International Journal of Project Management, 2015, 33 (1): 67 -80.

[213] Yiu K T W, Cheung S O. Behavioral transition: A framework for construction conflict-tension relationships [J]. IEEE Transactions on Engineering Management, 2007, 54 (3): 498 -505.

[214] York A S, McCarthy K A, Darnold T C. Building biotechnology teams: Personality does matter [J]. Journal of Commercial Biotechnology, 2009, 15 (4): 335 -346.

[215] Young R E, Struthers C W, Khoury C, et al. Forgiveness and revenge: The conflicting needs of dependents and self-critics in relationships [J]. Journal of Social and Clinical Psychology, 2013, 32 (10): 1095 -1115.

[216] Yousefi S, Hipel K W, Hegazy T. Attitude-based negotiation methodology for the management of construction disputes [J]. Journal of Management in Engineering, 2010, 26 (3): 114 -122.

[217] Zhang Q, Andreychik M, Sapp D, et al. The Dynamic interplay of interaction goals, emotion, and conflict styles: Testing a model of intrapersonal and interpersonal effects on conflict styles [J]. International Journal of Communication, 2014, 8 (24): 534 -557.

[218] Zhang Y B, Lin M C. Conflict-initiating factors in intergenerational relationships [J]. Journal of Language and Social Psychology, 2009, 28 (4): 343 -363.